이 책을 내 아들 헨리에게 바친다.
네게 필요한 것을 찾을 수 없다면
네가 아직 그것을 만들어내지 않았기 때문이란다.

## 이제 네 차례다.

DESIGN IS A JOB
By A Book Apart
Copyright ©2012 Mike Monteiro
Korean Translation Edition ©2014 Webactually Korea, Inc.
All rights reserved.

이 책의 한국어판 저작권은 저작권자와의 독점 계약으로 웹액츄얼리코리아㈜에 있습니다.
저작권법에 의해 한국 내에서 보호를 받는 저작물이므로 무단 전재와 복사·복제를 금합니다.
이 책 내용의 전부 또는 일부를 사용하려면 반드시 저작권자와 웹액츄얼리 북스팀의 서면 동의를 받아야 합니다.

디자이너, 직업을 말하다

옮긴이 **박준수**

캐나다에서 영문학을 공부했고, 사진가로 네 번의 개인전을 가졌다. 2007년에 철거 된 동대문 운동장의 마지막 모습을 기록한 사진들로 2012년 《동대문운동장: 아파하지 않는 사람들을 위하여》를 출간했으며, 2014년 서울역사박물관에서 열린 〈잘 가, 동대문운동장〉 전시에 참여했다. 지금까지 세계 20여 개국을 여행했으며, 그린피스 서울 사무소, 세이브더칠드런, 아시아 소사이어티 코리아센터, 캐나다 국립영상원, 론리플래닛 매거진 코리아와 협업하는 등 사진가로서 왕성하게 활동하고 있다.

## 디자이너, 직업을 말하다

**초판 인쇄** 2014년 12월 10일
**초판 발행** 2014년 12월 15일

**지은이** 마이크 몬테이로
**옮긴이** 박준수
**감수자** 백승관

**펴낸곳** 웹액츄얼리코리아(주)
**출판등록** 제2014-000175호
**주소** 서울시 강남구 논현로 707 3층
**전화** (02) 542-0411
**팩스** (02) 541-0414
**웹사이트** books.webactually.com
**페이스북** fb.com/webactually
**트위터** @webactually

**책임편집** 윤주용
**편집디자인** 김수미

ISBN 979-11-85885-03-2  13000

\* 잘못되거나 파손된 책은 구입하신 곳에서 교환해드립니다.
\* 정가는 뒤표지에 있습니다.

# 디자이너,
# 직업을 말하다

마이크 몬테이로 지음 | 에릭 슈피커만 추천

A BOOK APART | webactually

**일/러/두/기/**

- 이 책에서 옮긴이 주는 *로 표시하여 페이지 하단에 표기하였습니다.
- 이 책에서 편집자 주는 *로 표시하였습니다.

## 출간에 앞서

독자 여러분, 안녕하세요? 아름다운 웹사이트 만들기 시리즈 일곱 번째 책,《디자이너, 직업을 말하다》를 소개합니다. 이 책은 디자이너라면 사회생활에서 적어도 한 번쯤은 깊이 고민해보았을 만한 이슈들을 다루고 있습니다. 여러분께서 현재 디자이너로 일한다면 이 책을 읽고 자신감과 문제를 해결할 수 있는 폭넓은 지혜를 갖게 될 것이며, 디자이너 지망생이라면 디자이너로서의 경험을 미리 간접 체험할 수 있을 것입니다.

같은 디자이너라도 세부 분야에 따라 여러분에게 주어진 업무는 천차만별일 것입니다. 그 업무가 무엇이든지 여러분은 '디자이너'라는 직업적인 공통분모를 공유하고 있습니다. 그리고 다른 직업의 삶과 마찬가지로 디자이너의 삶도 초짜에서 전문가가 되기까지 그 과정은 순탄치 않습니다. 성공하는 기쁨 외에 실패에 대한 좌절, 고객과 동료에 대한 불만, 돈 문제 등의 고민이 때때로 엄습해 오곤 합니다. 치열한 경쟁 속에서 성공하는 삶은 누구나 다 꿈을 꾸지만 실제 그 목표를 이루는 이들은 소수에 불과합니다. 그럼, 디자이너의 성공하는 삶과 실패하는 삶은 무엇이 다를까요?

타이포그래피의 대가인 에릭 슈피커만이 위의 질문에 대한 정답을 제시하는 듯합니다. "디자이너로 살아간다는 것은 결국 태도의 문제입니다. 물론 기술도 갖춰야겠지요. 하지만 우리의 경험에 비추어볼 때 기술은 귀 기울이고 관찰하고 공부할 준비만 되어 있다면 하나둘씩 익혀나갈 수 있습니다. 그러나 제대로 된 태도를 갖추지 못하면 당신은 항상 누군가에게는 장사치로, 또 다른 누군가에게는 광기 어린 예술가로 인식되고 말 것입니다."

이 책의 저자 마이크 몬테이로 역시 기술 습득이 아닌 디자이너로서의 태도에 대해 얘기를 합니다. 그는 디자이너로 경력을 쌓기 시작해서 뮬 디자인 회사를 창업을 하고 10년 이상 운영해 온 베테랑 디자이너입니다. 《디자이너, 직업을 말하다》의 1장부터 10장까지 그는 디자이너로서 겪은 다사다난했던 경험과 그만의 값진 노하우를 모든 디자이너와 나누고 있습니다. 심지어 그는 아는 친구에게도 말하기 어려운 경험까지도 여러분에게 도움을 주고자 공유합니다.

디자이너라는 공통분모를 가진 여러분은 아마 이 책을 한 장 한장 넘기면서 그의 말이 본인의 얘기처럼 느껴질지도 모르겠네요. 그가 제시하는 내용에서 자신감을 얻고 어려움에 굴하지 않는 태도로 변할 거라고 믿습니다.

  이 책을 멘토로 삼아 디자이너로서의 삶을 힘차게 성공적으로 나아가길 진심으로 응원합니다. 독자 여러분의 많은 관심과 격려 바랍니다.

웹액츄얼리 북스팀

## 한국어판 출간에 앞서

《디자이너, 직업을 말하다》를 한국에서 출간하게 되어 기쁩니다. 뮬 디자인의 공동 창업자이며 재담가 마이크 몬테이로는 여러분이 더욱 훌륭한 디자이너로 발돋움을 할 수 있게 도움을 드리고자 합니다. 계약을 성사시키는 일부터 당신의 디자인 철학을 상대에게 납득시키는 일까지, 고객과 함께 일하는 것부터 팀원들과 서로 협력을 하는 것까지, 여러분들께서는 이 책을 통해 디자인 작업만큼이나 디자인과 관련된 비즈니스를 다루는 것이 중요하다는 점을 깨닫게 될 것입니다. 자신이 직접 경험했기에 마이크는 이 간결한 책을 여러분이 꼭 알아야 하는 내용으로 채웠습니다.

— 제프리 젤드먼, 마이크 몬테이로

· · ·

We are pleased to present the publication of Design Is a Job in Korea. Co-founder of Mule Design and raconteur Mike Monteiro wants to help you do your job better. From contracts to selling design, from working with clients to working with each other, you'll learn why navigating the business of design is just as important as the craft of it. Cultivated from his own experience, Mike packs this brief book with knowledge you can't afford not to know.

—Jeffrey Zeldman and Mike Monteiro

· · ·

언젠가 어떤 고객이 저를 데리고 그의 공장 구석구석을 다녔습니다. 그는 저에게 각 기계공구가 어떻게 작동하는지를 보여주었고, 배송과 재고 시스템에 대해 설명했으며, 구내식당에서 점심을 대접해 주었고, 모든 직원들에게 저를 소개해주었습니다. 방문 일정을 마칠 즈음, 그는 저에게 "만약 당신의 디자인이 실패한다면, 이 사람들 모두 일자리를 잃게 됩니다."라고 말하더군요.

디자인은 '설득'의 직업입니다. 가장 민감해하는 최종 사용자인 고객에게 디자인을 설득하지 못한다면 여러분의 재능과 경험은 아무런 의미가 없습니다. 버튼을 클릭하거나 사진이 확대되도록 화면에서 손가락을 모았다가 펼치라고 pinch-zoom 사람들을 설득하기 전에, 반드시 고객을 확신시켜야 합니다. 고객은 여러분을 제대로 업무 수행하는 전문가로서 신뢰해야 합니다. 그렇지 않으면 '모든 직원은 일자리를 잃게 됩니다.'

《웹 디자이너를 위한 HTML5》와 《웹 디자이너를 위한 CSS3》에서 모던 웹사이트를 만들기 위한 툴을 제공했다면 이 책에서는 생계 수단을 구축하기 위한 기반 platform 을 제시합니다. 《웹사이트를 위한 콘텐츠 전략》과 《감성 디자인》에서 독자를 사로잡는 방법을 가르쳐주었다면, 이 책에서는 비즈니스를 관리하는 방법을 설명합니다. 게다가 《모바일 우선주의》와 《반응형 웹 디자인》에서 변화하는 사용자의 사용환경을 다루는 방법을 보여주었다면, 이 책에서는 전문가로서의 삶 속, 변화하는 환경 속에서 스스로 견디도록 여러분이 진로를 정하도록 해줍니다. 이에 관해서라면 뮬 디자인의 신랄하지만 유쾌한 마이크 몬테이로보다 더 좋은 길잡이는 없습니다. 독자 여러분은 이 책을 정말 좋아할 겁니다. 그리고 여러분의 일상 업무와 경력에도 이를 활용하게 될 겁니다.

제프리 젤드먼 올림

제프리 젤드먼
출판인

제이슨 산타 마리아
디자이너

맨디 브라운
편집자

추천의 글

# 디자이너로 산다는 건
## 결국 태도의 문제

온라인에서나 오프라인에서나 마이크 몬테이로Mike Monteiro는 돌직구 식 화법으로 유명합니다. 그는 걸어 다니는 '헛소리 탐지기'이고, 얼간이들을 모두 걸러내 버리죠. 그건 아마도 그가 오스틴에 있는 복사업체의 로고를 30분 만에 뚝딱 완성해내며 디자이너로서 경력을 쌓기 시작했기 때문일 것입니다. 거짓말이 들통 날지 모른다는 두려움은 상상 이상으로 힘들지만, 그 때문에 더 긴장하고 전력을 쏟아서 일하게 되니까요. 나도 그 두려움의 양면성을 잘 알고 있습니다. 나 역시 그래픽 디자이너로서 경력이 전혀 없는 상태에서 베를린의 한 인쇄업체 로고를 30분 만에 만들어주면서 일을 시작했거든요. 우리 두 사람 모두 실력을 쌓기 전까지 꽤 오랫동안 허튼소리를 하며 순간순간을 모면해왔습니다. 그래서 누군가 헛소리를 하면 한눈에 알아차릴 수 있게 된 겁니다.

디자이너로 살아간다는 것은 결국 태도의 문제입니다. 물론 기술도 갖춰야겠지요. 하지만 우리의 경험에 비추어볼 때 기술은 귀 기울이고 관찰하고 공부할 준비만 되어 있다면 하나둘씩 익혀나 갈 수 있습니다. 그러나 제대로 된 태도를 갖추지 못하면 당신은 항상 누군가에게는 장사치로, 또 다른 누군가에게는 광기 어린 예술가로 인식되고 말 것입니다.

고객들은 자신들이 잘하지 못하는 일을 해결하기 위해 우리 디자이너들을 고용합니다. 그리고 디자이너로서 우리가 가진 지식과 기술과 경험, 무엇보다 태도에 대해 정당한 대가를 치르는 것입니다. 이 두 가지 사실을 잊어서는 안 됩니다. 당신이 '창의적인 예술가 타입'의 디자이너로 알려지는 건 멍청이로 치부되는 것과 마찬가지입니다. 사람들이 흔히 생각하는 것과는 달리, 디자이너는 예술가가 아닙니다. 물론 디자이너도 구상과 프로세스를 시각화하기 위해 예술적인 방법을 동원합니다. 그러나 예술가와는 달리 고객의 문제를 해결하기 위해 일합니다. 세상에 대한 우리의 견해를 제시하기 위해 일하는 것은 아니지요. 우리 디자이너는 제약을 극복하면서 발전하고 희열을 느낍니다. 그렇지만 타협은 죽기보다 싫어하지요. 디자인 프로젝트가 성공적이라는 평가를 받으려면, (성공이야말로 실력의 진정한 잣대 아니겠어요?) 새로운 아름다움을 더할 뿐만 아니라 당면한 문제도 해결해야 합니다.

이 책은 당신이 어떻게 하면 노예 취급당하지 않으면서 디자인이라는 서비스 산업의 일원이 될 수 있는지, 그 방법에 대해 가르쳐줄 것입니다. 예나 지금이나 내가 항상 하는 충고는 배우고 또 배우라는 것입니다. 자, 이 책에서부터 시작해봅시다.

에릭 슈피커만 Erik Spiekermann

**추천의 글**

# 디자이너란 직업에 대해 말하다

   디자이너로 산다는 게 얼마나 즐거우면서도 힘든 일인지 누구보다 잘 압니다. 디자이너를 지켜보는 게 제 일이기 때문입니다. 국내외 수많은 디자이너들의 멋진 작품을 지켜보는 것과 동시에 그들이 겪는 숱한 고난과 고단한 갈등도 지켜봅니다. 그래서 디자이너라는 직업에 대한 위대함을 더 절실히 느끼는지도 모르겠습니다.

   세상에 디자인과 디자이너에 대한 책은 많습니다. 어떻게 디자인하면 좋을지, 좋은 디자인이란 무엇인지 알려주는 책도 많습니다. 하지만 이 책은 그런 책에서 담아내지 못한, 현실적인 디자이너에 대한 얘기가 풍부합니다. 책의 서술이나 내용은 그다지 우아하지도 고상하지도 않지만, 디자이너라는 직업을 애써 더 매력적으로 보이게 포장하지도 않지만, 직설적이면서 디테일합니다. 특히나 '못 받은 돈 받아드립니다' 같은 챕터는 많은 디자이너가 고민하는 문제이지만, 정작 책에서 대놓고 언급한 건 처음 본 듯합니다.

　이 책은 좀 더 현실에 가까운 디자이너라는 직업에 대해 얘기합니다. 현실에서 디자이너는 정말 '디자인만' 하는 건 아니기 때문이지요. 디자인을 하기 위해서 다양한 커뮤니케이션도 하고, 설득과 협상도 하고, 때론 돈 얘기도 해야 합니다. 아마도 커뮤니케이션이 무엇보다 중요한 직업 가운데 디자이너는 최상위로 손꼽힐 겁니다. 그럼에도 사람을 상대하거나 돈 이야기하는 데 서툰 디자이너가 의외로 많습니다. 디자인 자체는 즐겁지만 그 외 나머지에 대해서는 서툴고 어색해하는 것이지요. 이해됩니다만 그래선 오랫동안 디자이너로 일하기 쉽지 않습니다. 이 책을 통해서 디자이너라는 직업에 대한 좀 더 현실적인 이해와 함께, 직업적 태도에 대한 생각을 해볼 수 있었으면 좋겠습니다.

전은경, 월간 〈디자인〉 편집장

월간 〈디자인〉 편집장. 디자인 전문기자로 활동하며 세계적인 디자이너들을 비롯해 다양한 분야의 디자이너, 디자인 경영인을 인터뷰하고 주요 디자인 행사를 취재했으며 그 속에서 디자인 트렌드를 발굴하는 기사를 주로 써왔다. 디자인에서 새로운 가치를 찾는 마케팅과 트렌드가 주요 관심사이자 전문 분야다.

프롤로그

# 디자이너로 살아가는 법을
# 알려주고 싶었습니다

나는 디자인을 사랑한다. 좋은 디자인을 만나면 기분이 좋다. 좋은 디자인에 도달하는 과정과 도중에 겪게 되는 흥미로운 실패들을 사랑한다. 그리고 동업자와 함께 밑바닥에서부터 키워온 나의 회사에서 디자인 작업으로 번 돈으로 생활을 유지하는 특권을 누리고 있음에 깊이 감사한다. 나는 디자인에 대한 논쟁과 비평을 모두 다 좋아한다. 내가 3년 전에 고용한 누군가가 이제는 내 디자인을 개선할 정도로 성장한 것도 멋진 일이다. 또 이 모든 것을 가능하게 만든 고객들을 전적으로 사랑한다.

그럼, 이제부터 당신 얘기를 해보자. 나는 그 누구보다 당신을 좋아한다. 그렇기에 당신이 매번 깨지는 것을 보는 데 지쳤다. 아무도 제대로 가르쳐주지 않았기 때문이다. 당신이 돈을 받지 못해 발을 동동 구르는 것도 속상하다. 매일 밤늦게까지 야근하는 것도 모자라서 주말까지 일에 파묻혀 지내는 것도 괴롭다. 이 일을 하게 되면 포트폴리오가 더욱 화려해질 거라는 누군가의 감언이설에 넘어가서, 돈도 제대로 받지 못한 채 디자인을 완성해내느라 정신 없는 상황도 안타깝다. 디자인만 좋으면 저절로 고객이 줄을 설 것이라고 기대하며 멍하니 앉아 있는 당신을 보는 것은 이제 신물이 난다.

 그래서 이 책을 썼다. 바로 당신을 위한 책이다. 이 책을 다 읽으면 굽은 당신의 허리도 꼿꼿해질 것이다. 그 뿐만 아니다. 디자이너로서 생계를 꾸리고 살아가는 방법도 알려줄 것이다. 고객을 대하는 법, 디자인 가격을 산정하는 법, 그리고 디자인 비용을 받는 법 등 전문 디자이너로서 일할 때 필요한 기본사항을 담았다. 또한 디자이너라는 직업이 지니고 있는 모든 측면을 이 책에서 제시하는 기본사항과 연결하고 적용하는 방법을 다룰 것이다. 이 책의 목적은 디자이너라는 직업에 대한 당신의 관점을 재능에만 국한하지 않고 비즈니스와 커뮤니케이션 부분까지 확장하는 데 있다.

 나는 당신이 책을 빨리 읽고 나서 다시 일에 몰두할 수 있도록 얇게 만들었다. 이 책에서 나는 어떤 '체계'를 두지 않았다. 이 책을 읽다가 '일을 체계적으로 할 수 있도록 도와드립니다'라고 요란하게 약속하는 색인카드 따위를 사기 위해 허겁지겁 뛰어갈 일도 없을 거다. 현실을 직시하라는 말도 하지 않겠다. 버킷리스트에 다섯 개의 항목을 추가할 일도, SNS 전략을 수정할 필요도 없다. 아무도 몰랐던 비밀을 찾아낼 일도 없을 것이다. 다만 당신 스스로에 대해 자신감을 얻게 될 것이고, 당신의 기술에 대해 좀 더 깊이 이해하게 될 것이다.

### 왜 내 얘기를 들어야 하느냐고?

나는 지난 10년간 동업자인 에리카 홀<sup>Erika Hall</sup>과 함께 뮬 디자인<sup>Mule Design</sup>을 운영해왔다. 그전에는 새로 창업한 기업과 사내 마케팅 부서, 다른 디자인 회사에서 디자이너로 일했다. 프리랜서로 일하거나 하청을 받기도 했는데, 아마도 나는 세계 최악의 직원이었을 것이다. 디자이너로서 처음 했던 작업은 텍사스 주 오스틴에 있는 한 인쇄업체의 전자출판 부서 로고를 30분 만에 만들어준 것이었다. 그 일을 따내기 위해 내가 경험이 풍부한 디자이너라는 거짓말을 했다. 그리고는 뭘 하는지조차 모르면서 일을 해치웠다는 사실을 누군가 알아낼까 봐 수년간 전전긍긍하며 두려움에 떨었다.

내가 디자인 회사를 창업하게 된 데는 몇 가지 이유가 있다.

첫째, 나는 최악의 직원이었다. 지금까지 내게 일을 시킨 누구보다도 회사를 잘 운영할 자신이 있었다. 그들이 왜 그렇게 힘들게 회사를 운영하는지 이해할 수 없었다. (나중에 알고 보니 그들의 공통적인 문제점은 바로 나를 고용했다는 것이었다.)

두 번째로, 나는 함께 일할 고객을 고르고 싶었다. 디자이너로서 신념은 내가 만들어서 세상에 내보낸 것들에 책임을 져야 한다는 거다. 회사에 다니거나 일을 하청받으면, 내가 할 일을 선택할 수 없게 된다. 회사를 운영하다 보면 윤리적으로 도저히 받아들일 수 없지만, 회사를 유지하기 위해 어쩔 수 없이 맡아야만 하는 일도 생긴다. 그런 상황을 피하기 위해 우리는 의도적으로 회사 규모를 작게 유지하려고 노력하고 있다.

세 번째로, 나는 좋은 동업자를 찾았다. 그리고 그녀와 함께 계속 일을 하고 싶다.

지난 10년 동안 뮬 디자인을 운영하면서, 우리는 온갖 상상할 수 있는 실수란 실수는 다 저질렀다. 공짜로 일을 해주기도 하고, 전략을 수정하는 와중에도 계속 일만 했다. 가만히 앉아서 고객이 찾아오기만을 기다리기도 하고, 사기도 당했다. 입찰을 넣었는데 말도 안 되는 멍청한 이유로 떨어지기도 했다. 계약서 없이 일하기도 했다. 이 책에서 당신에게 저지르지 말라고 신신당부하는 모든 실수를 이미 저질러봤다. 장담컨대, 당신도 실수할 것이다. 나와 똑같지는 않겠지만, 더 새롭고 더 황당한 실수를 저지를 것이다. 왜냐하면 더 좋은 디자이너가 되는 길은 실수하지 않는 데서 시작하는 게 아니기 때문이다. 넘어졌을 때 의연히 일어나서 당신이 빠졌던 수렁을 다른 사람은 피해 갈 수 있도록 하는 데 있다. 말하자면 이 책은 당신을 위해 내가 준비한 경고 표지판인 셈이다.

당신이 더 나아지기를, 미친 듯이 노력하기를, 그리고 합당한 대가를 누리기를 바란다. 디자인은 직업, 다시 말해 돈을 받고 하는 일이니까 그렇다.

### 당신이 이 책을 읽어야 하는 이유

균형을 잡으려 하겠지만, 아무래도 내가 하는 일이 웹 디자인이다 보니 웹 디자이너의 관점에서 이야기하게 될 것이다. 하지만 당신이 고객 서비스 직종에 있든, 프리랜서이든, 신설 기업이나 대기업에서 일하든 간에 이 책에서 배울 점이 있다고 생각한다. 사실 당신이 꼭 디자이너여야만 이 책에서 무언가를 얻어갈 수 있는 건 아니다. 그렇게 생각하지 않나? 당신이 시각 디자이너나 그래픽 디자이너, 웹 디자이너, 인터랙티브 디자이너, 사진가, 블로거, 또는 현대무용의 열렬한 팬이라도 상관없다. 당신이 무슨 일을 하든지 간에 이 책에서 뭔가 도움이 되는 것을 찾게 되리라 확신한다.

CONTENTS

출간에 앞서 7
한국어판 출간에 앞서 10
추천의 글 · 디자이너로 산다는 건 결국 태도의 문제 13
추천의 글 · 디자이너란 직업에 대해 말하다 15
프롤로그 · 디자이너로 살아가는 법을 알려주고 싶었습니다 17

**CHAPTER 1** 25
### 예술가의 환상에 빠진 디자이너
디자이너는 어떤 사람인가?

**CHAPTER 2** 37
### 사람들은 누군가를 추천하는 일을 좋아한다
새로운 고객을 찾는 법

**CHAPTER 3** 59
### 나쁜 고객, 좋은 고객, 이상한 고객
적절한 고객을 고르는 법

**CHAPTER 4** 75
### 협상은 하되 가격경쟁에 뛰어들지는 마라
디자인 가격 정하기

**CHAPTER 5** 99
### 계약서가 없으면 신뢰도 없다
계약서 작성하는 법

**CHAPTER 6** ...... 119
## 당신의 프로세스가 최고의 프로세스다
프로세스 고수하기

**CHAPTER 7** ...... 137
## 직접 발표하라, 설득시켜라, 팔아라
디자인 프레젠테이션하기

**CHAPTER 8** ...... 155
## 고객과 함께 일하는 방법을 익혀라
피드백 관리하기

**CHAPTER 9** ...... 177
## 못 받은 돈 받아드립니다
돈을 제때 받아내는 법

**CHAPTER 10** ...... 199
## 함께일 때 더 강하다
함께 일하는 법

| | |
|---|---|
| 옮긴이의 글 · 대한민국 모든 '을'이 알아야 할 직업노트 | 249 |
| 에필로그 · 훌륭한 디자이너가 되느냐 아니냐는 당신의 선택에 달려 있다 | 251 |
| 도움이 되는 자료들 | 254 |
| 감사의 말 | 258 |
| 찾아보기 | 262 |

**CHAPTER 1**

# 예술가의 환상에 빠진 디자이너

:

### 디자이너는 어떤 사람인가?
WHAT IS A DESIGNER?

**"예술가들을 모셔오라고!"**

이 이야기는 아주 멀고 아름다운 곳에서 시작된다. 그곳에는 새파란 하늘 아래 뭐든 합성해서 붙일 수 있는 그린 스크린$^{green-screen}$*의 바다가 넘실거리고, 영감이 주렁주렁 열리는 막대사탕 나무가 자라고 있다. 그리고 이국적인 외모의 뮤즈$^{muses}$**들이 테크노 비트의 정글 배경음악에 맞춰 섹시한 춤을 춘다. 상상만 해도 군침 돌지 않는가. 당신은 어쩌면 이 이야기 속 행운아처럼 살고 있을지

---

\* 영화나 컴퓨터그래픽 등의 영상작업에서 화면을 합성하기 위해 주로 사용하는 초록색의 배경화면. 초록색을 제거하거나 투명하게 만들어서 다른 화면과 결합하여 특수한 효과를 준다. 이런 방법을 '크로마키$^{Chroma\ key}$'라고 하는데 기상예보나 슈퍼맨이 하늘을 나는 장면에서 많이 볼 수 있다. 초록색 대신 파란색을 사용하는 경우도 있으며, 이를 '블루 스크린'이라고 한다.
\*\* 고대 그리스·로마 신화에서 음악, 미술, 문학을 관장하는 9명의 여신. '예술가에게 영감을 일으키는 존재'라는 의미로 많이 사용된다.

디자이너는 어떤 사람인가?  **27**

도 모른다.

이 이상적인 세계에는 알람시계가 없다. 창의력을 마음껏 발휘하려면 무엇보다 잠을 충분히 자 두어야 하니까 말이다. 무엄하게도 오전 11시가 되기도 전에 야만적인 미팅을 잡으려고 덤벼드는 고집스러운 도깨비들을 사뿐히 뛰어넘어서, 당신이 원하는 시간에 출근하면 된다. 물론 오전 11시 이후에도 미팅에 참석할 필요 따위는 없다. 당신은 그저 멋진 미라<sup>Mirra</sup> 의자*에 앉아 30인치 모니터 알림창에 뜬 미팅 요청을 몇 개 거절하고, 아이챗<sup>iChat</sup>으로 신나게 채팅하면서, 번뜩이는 영감이 고고한 자태를 드러내기를 기다리기만 하면 된다. 그때쯤이면 벌써 점심 먹을 시간이 됐겠다.

이 아름다운 이야기 속에서 당신은 말하자면 '예술가'다. 이렇게 운이 좋을 수가. 다른 사람들은 자격요건이나 지표, 성적, 심지어 온갖 숫자와 논리의 잣대로 과소평가되고 있는데, 당신은 마법사의 혈통을 타고난 것처럼 대접을 받고 있다. 평가 기준들에 대한 정보는 당신의 창조적 과정을 더럽힐 뿐이다. 당신이 만들어낸 디자인은 당신 내면에서 비롯한 것이니까.

하지만 소소한 갈등이 없으면 이야기는 재미없기 마련. 용 한 마리를 상상해보자. 당신 책상 앞에 서 있다고 치자. 녀석의 손에는 당신이 작업한 최종 시안이 쥐어져 있다. 심지어 파워포인트로 바뀌어져 있고, 거기에는 온갖 수정 사항들이 표시되어 있다. 물론

---

* 허먼 밀러<sup>Herman Miller</sup> 사가 디자인한 사무용 의자. 2003년 〈포춘〉 지가 선정한 '올해의 상품 25'에 하나로 뽑혔으며 디자이너들에겐 '꿈의 의자'로 불린다. '앉는 사람의 행동을 거울에 비춘 것처럼 의자의 표면이 몸에 딱 맞게 반응한다'는 의미에서 '미라 의자'라는 이름이 붙었다.

그것들에 동의한 적도 없고, 그렇게 결정되는 회의에 참석하지도 않았지만…. 끔찍한 상황이지만 당신의 마법은 먹히지 않는다. 예술가의 환상을 버리고 현실의 디자이너로 돌아갈 때인 것이다. 점심이나 잘 챙겨먹도록 하자.

### '디자이너도 예술가다'라는 오해는 왜 위험한가?

마법사와도 같은 예술가에 대한 환상*은 끈질기게 살아남아서, 지금도 현장에서 불쑥불쑥 튀어나오곤 한다. 그만큼 생명력이 끈질기다. 디자이너뿐만 아니라 그들과 함께 일하는 사람들도 그 환상에 사로잡혀 있다. 이 환상이 위험한 이유는 디자이너가 하는 일을 '픽셀 옮기기'나 '꽃단장하기' 정도의 영역으로 축소하기 때문이다. 또 하나, 디자이너를 '감으로 성공을 이뤄내는 사람'으로 비하하기 때문이다. 위험한 발상이다. 사람들은 예술가라면 항상 주사위를 굴리며 직감에 의존해서 성공한다고 생각한다. 매번 되풀이되는 체계적인 작업 과정을 생략한다고 오해한다.

★ **편집자 주** 마법사처럼 순식간에 멋진 디자인을 만들어내고, 예술가처럼 고객의 피드백을 존중하지 않으며, 자신만의 미적인 기준에서 디자인을 완성한다는 식의 잘못된 믿음

게다가 그와 같은 환상은 당신을 감당하기 힘든 존재로 만든다. 규칙에서 벗어나는 것을 밥 먹듯 하는 동료를 누가 좋아하겠는가. 그러면 당신은 팀원들과 함께 일하기가 어려워질 것이다.

나같이 예술가의 환상을 믿지 않는 디자이너들도 그 환상 때문에 일하기 어려운 점이 있다. 그래서 필요 이상으로 일을 힘들게 만드는 사람들을 좋아하지 않는다. 내 일을 사랑하기에 그렇다. 하

지만 고객이 매번, 밑도 끝도 없이 막연하게 그저 "멋지게만 만들어주세요."라거나 "당신의 창의성을 억압하고 싶지 않아요."라고 말하면, 나를 전지전능한 창조자로 보는 그 대단한 환상을 깨뜨리기 위해 나는 소중한 시간을 쏟아야만 한다. (다행히도 내 얼굴은 환상적인 예술가보다는 트럭 운전수에 가깝다. 얼마나 다행인가! 하지만 만약 당신이 예술가의 매력을 철철 풍기는 매끈한 외모의 소유자라면? 골치 아프겠다.)

 디자이너에겐 솔직한 피드백과 냉혹한 비판이 필요하다. 하지만 '디자이너는 곧 예술가다'라는 환상에 빠져 있는 동료들과 고객들이 행여나 당신의 예술혼을 짓밟지 않을까 걱정하는 분위기에서는 제대로 된 피드백과 평가가 나올 수 없다. 두루뭉술하게 "좋아요." 하고 넘어가 버리는 식의 막연한 동의는 디자이너에게 오히려 방해만 될 뿐이다.

 그럼, 실제로 디자이너는 무슨 일을 하는지 알아보자.

### 디자이너는 주어진 조건 안에서 문제를 해결한다

 디자이너는 다양한 조건 하에서 작업한다. 예를 들면 사용할 수 있는 물자가 제한되는 경우가 있다. 목재가 부족하거나 인쇄기가 너무 작거나 인터넷 대역폭이 문제가 되는 등 활용할 수 있는 재료들이 한정되는 경우다. 사용자층이 한정되는 때도 있다. 어린이들이나 인터넷에 익숙하지 않은 사람들, 다양한 언어를 쓰는 사람들처럼 특별히 고려해야 할 사항이 많은 사용자층을 목표로 삼는 경우도 있다. 흔한 예로 들자면 스타일 지침이나 현재 거래하고 있는 업자들과의 관계, 회사 로고의 이미지 등 업무 조건에 제한이 따르는 상황도 같은 경우다.

★ 지금 읽고 있는 《Design Is A Job》을 말합니다. 웹액츄얼리코리아㈜에서 〈아름다운 웹사이트 만들기 시리즈〉로 펴내는 A BOOK APART의 책은 모두 작은 판형에 갈색, 연두색, 하늘색 등 알록달록한 색깔을 표지에 사용하고 있습니다.

그렇다면 디자이너가 해결해야 하는 문제란 무엇일까? 이 질문에 대한 답이야말로 당신이 어떤 분야의 디자이너인지 결정짓는 중요한 요소이다. 여덟 시간 동안 앉아 있어도 엉덩이가 아프지 않은 의자를 만드는 문제로 고심하고 있다면 당신은 가구 디자이너. 한 손에는 다 쓴 두루마리 휴지 심을, 다른 한 손에는 알루미늄 포일 조각을 들고 무언가 고민하고 있는 열여섯 살 아이라면, 당신은 산업 디자이너일 것이다. 지금 당신은 표지가 알록달록하고 크기가 작은 책★을 읽고 있으니, 나처럼 웹 디자이너일 거라고 가정해보자. 그러니 이제부터 내가 예를 들거나 구체적인 얘기를 할 때는 웹 디자이너의 관점에서 본다는 점에 유의하기 바란다. 하지만 당신이 다른 분야의 디자이너라고 해도 이 책에서 배울 점은 분명 있다. 필요한 부분만 골라서 당신이 일하는 분야에 적용하면 된다.

### 디자이너는 목표를 이해한다

당신이 밑바닥에서부터 시작하는 신규사업을 도와주든, 이미 출시된 제품의 디자인을 살짝 바꾸는 작업을 하든, 또는 규모와 난이도 면에서 그 중간쯤 되는 일을 하든, 당신이 맡은 디자인 작업은 반드시 목표를 달성하는 데 도움이 되어야 한다. 그리고 그 목표가 무엇인지 알아내는 것은 당신의 몫이다.

사실, 디자인 작업을 시작하면서 가장 먼저 해야 할 일은 목표가 무엇인지 알아내는 것이다. "우리는 왜 이 일을 하고 있지?" 당신 자신에게 물어봐야 한다. 그 대답이 당신에게 분명하게 와 닿지 않거나 대답이 없다면, 디자인 작업을 계속해서는 안 된다. 작업을 중단해야 한다. 목표를 정할 수 없다고? 목표를 세워야 한다. (그렇다. 이것도 당신이 해야 할 일 중 하나다. 당신이 일하는 데 도움이 된다면, 그게 무엇이든 당신 일의 일부분이니까.) 어떻게 해야 하느냐고? 앞으로 차차 설명할 테니 인내심을 갖고 책을 읽어주기 바란다.

### 디자이너는 정보를 모은다

우리는 누구를 위해 디자인하고 있나? 고객은 우리가 디자인한 것을 어떻게 사용할까? 그들에게 우리의 디자인이 필요한가? 그들이 마음대로 사용할 수 있는 백엔드<sup>backend</sup> 기술로는 어떤 것이 있나? 그들이 기꺼이 시도해볼 마음이 있는 신기술로는 어떤 것이 있는가? 우리 말고 혹시 다른 누군가가 이 신기술을 시도해본 적이 있었나? 그렇다면 그 결과는 어땠나? 성공했나, 아니면 실패했나?

디자인의 목표를 정했다면, 이제 가능한 한 많은 정보를 모아야 한다. 당신이 목표를 충족시킬 해법을 디자인하고 있는지 확인하기 위해서 말이다. 폭넓게 사전조사를 하지 않고 무턱대고 디자인만 할 수는 없다. 마치 토지를 측량하지 않고서 집을 지을 수 없는 것과 마찬가지다.

### 디자이너는 질서를 부여한다

이렇게 모인 정보들은 결국 무언가를 창조하는 데 쓰인다. 아이디어는 가공품이 되고, 요구 사항은 시스템으로 바뀐다. 작업이 이 부분에 이르면 대다수의 사람이 비로소 '아, 디자인 작업을 하고 있군.' 하고 인식한다. 디자이너가 작업하는 것을 눈으로 볼 수 있고, 작업에 그림이 사용되기 때문이다. 게다가 당신은 헤드폰을 끼고 음악을 들으며 작업할 수도 있다.

### 디자이너는 참신한 형태를 창조한다

이 부분도 재미있는 단계이다. 전통적인 방식(익숙한 형태나 용어, 상호작용 등)과 참신성(사용자들을 참여시키고 즐겁게 만드는 새로운 형태) 사이에서 적절한 균형을 맞출 때, 성공적인 디자인이 나온다. 참신한 형태를 사용하는 이유는 사용자가 이 사이트에서 좀 더 오래 머무르거나 다른 사이트가 아닌 바로 여기서 바지 한 벌이라도 사주기를 바라기 때문이다. 고객의 사업 목표를 위해 참신한 형태를 도입했다면 문제될 것은 없다. 다만 목표 달성과 상관없다면 그것은 그냥 새로울 뿐, 성공적인 디자인이 될 수는 없다.

### 디자이너는 고객 및 이해 관계자들과 소통한다

완성도가 아무리 높다 해도 당신의 디자인을 직접 팔 수 없다면, 아직 일을 다 끝내지 못한 것이다. 이 부분이 얼마나 중요한지는 수백 번 강조해도 모자란다. (이 이야기는 뒷장에서 자세히 다루기로 하자.) 내가 만나본 상당수의 디자이너는 영업사원이나 아트디렉터 같은 제3자에게 이 부분을 맡겨두고 있다. 디자인 회사 역시 디자이너에게 본인의 결과물을 판매할 기회를 주지 않는다. 놀랍도록 한심하고 갑갑한 노릇이다. 디자이너가 자신의 결과물을 고객에게 직접 판매하는 것은 매우 중요한 일이다. 디자인하는 과정에서 당신이 왜 이런 결정을 내렸는지에 대해 고객에게 직접 설명할 기회이기 때문이다. 또한 앞으로 디자인 작업을 어떻게 발전시켜 나갈지, 고객의 피드백을 직접 들을 수 있기 때문이기도 하다.

당신이 고객을 직접 만나지 않고 다른 사람을 통해 디자인 작업을 넘긴 적이 있는가? 어떤 일이 벌어졌는가? "로고를 대문짝만큼 키워라.", "폰트를 바꿔라." 등 당신이 이해할 수도 없고, 동의할 수도 없는 변경사항이 덕지덕지 붙어 있지 않던가? 만신창이가 된 시안을 되돌려 받은 경우는 또 얼마나 많았던가? 너무 많아서 아마 셀 수조차 없을 것이다. 제3자를 통해 간접적으로 한두 마디라도 피드백을 전해 들었다면 그나마 다행이다. 고객이 어떤 이유로 그렇게 바꿔달라고 요청했는지에 대해 아무런 설명도 듣지 못한 경우도 허다하다.

고객을 직접 만나서 디자인을 팔면, (지금 나는 아주 의도적으로 '프레젠테이션' 대신 '판매'라는 단어를 사용하고 있다.) 그제야 비로소 당신은 자신을 '디자이너'라고 부를 자격을 얻게 된다. 그리고 당신이 만들어낸 훌륭한 결과물에 대해 합당한 인정을 받게 될 것이다.

## 디자이너는 게이트키퍼Gatekeeper다

이 책을 다 읽고 나면, 곧바로 빅터 파파넥Victor Papanek이 쓴《인간을 위한 디자인Design for the Real World》\*을 읽어보라. 그 책의 내용을 한마디로 요약하면 '당신은 당신이 세상에 내보내는 결과물에 책임을 져야 한다'는 것이다.

어떤 프로젝트를 맡을지 신중하게 선택하라. 이때 선택의 기준은 당신이 그 일을 해서 세상이 전보다 더 나아질 수 있느냐 아니냐로 삼아야 한다. 사람들을 위해 많은 것을 개선해라. 그렇다고 비영리적인 일이나 순수한 사명감으로 끌고 나가는 프로젝트만 맡으라는 얘기는 아니다. 시장에서 팔리는 제품이나 서비스 중에도 이미 많은 것들이 크건 작건 간에 사람들의 삶을 향상시키고 있다. 물론 틈새시장을 개발하는 것도 좋지만, 당신이 하는 작업이 의미있는 일인지 항상 확인해야 한다. 당신이 디자인한 제품이나 서비스를 사고, 사용하고, 경험하게 될 최종 사용자들을 위해 일하는 사람이 되어야 하는 것이다.

자연이든 돈이든 지적 능력이든 간에 우리가 가진 자원은 모두 제한되어 있다. 멍청한 짓거리에 허비하는 사람들에게 그토록 소중한 자원을 기부하지는 마라.

당신은 당신이 생각하는 것 이상으로 큰 영향력을 지니고 있다. 그리고 당신 역시, 우리 디자이너들의 목소리를 전달하고 존중받기 위해 끊임없이 싸워온 길고 긴 계보에 소속된 구성원이다. 예를 들어 빅터 파파넥, 티보르 칼만Tibor Kalman, 레이 임스와 찰스 임스

---

\* 빅터 파파넥 《인간을 위한 디자인》 조재경, 현용순(역) 미진사, 2009

부부Ray and Charles Eames, 윌리엄 캐슬론William Caslon, 폴라 쉐어Paula Scher, 주자나 릭코Zuzana Licko, 그리고 우리의 제프리 젤드만Jeffrey Zeldman 같은 디자이너들 말이다. 디자이너는 세상을 바꿀 수 있고, 또 바꿔야만 한다. 이거야말로 세상에서 가장 좋은 직업 아닌가! 우리 한번 제대로 해보자.

당신은 작업 도구함에 입력(목표와 사전조사)과 활동(무언가를 만드는 것!), 출력(만든 것을 판매하는 것!)을 위한 도구를 갖추고 있어야 한다. 디자이너가 하는 일은 픽셀 한 개를 움직이기 전부터 시작해서 마지막 픽셀이 제자리를 잡고 나서도 한참 후에야 끝이 난다.★ 당신은 디자인 프로세스 전체를 총괄하는 팀장이 아닐 수도 있다. 아니, 작은 부서조차 이끌 기회를 얻지 못할지도 모른다. 디자이너로 일하는 동안 작은 팀에서 일하기도 하고, 큰 팀에서 일할 때도 있을 것이다. 혼자 일할 수도 있다. 하지만 팀장이 아니라 해도, 반드시 (그리고 공손하게) 디자인 작업 과정에 적극적으로 참여해야 한다. 당신이 더 많이 알게 될수록, 당신이 내놓는 디자인도 훨씬 더 좋아질 것이다. 그러니 누가 시킬 때까지 기다리지 말고 적극적으로 나서라.

★ 디자인 작업을 시작하기 전에 목표를 정하고 사전조사를 해야 하며, 디자인 작업을 마무리한 후에는 프레젠테이션, 또는 저자의 말대로 판매해야 한다는 뜻

CHAPTER 2

# 사람들은 누군가를 추천하는 일을 좋아한다

### 새로운 고객을 찾는 법
GETTING CLIENTS

이 책에서 가장 큰 거짓말이 뭘까? "새로운 고객은 반드시 나타날 것이다."라는 말이다. 이에 대해 걱정하지 않는다면 정말이지 허풍이다. 아마도 당신은 멋진 포트폴리오를 만들고 경험을 충분히 쌓았다고 주장할 것이다. '성질은 고약하지만 일은 잘한다'는 평판을 갖고 있으니 새로운 고객을 찾는 일 정도는 식은 죽 먹기라고 항변할 것이다. 그렇게 말할 수 있으면 얼마나 좋을까. 고객 찾기가 그렇게 쉽다면, 매일 밤 두 다리 뻗고 잘 수 있을 것이다. 스트레스로 잠 못 이루다 새벽 4시에 집 근처 학교 운동장을 달리는 일 없이 말이다. 무슨무슨 기념일마다 얇은 주머니 사정을 걱정하며 선물을 고르는 일도 하지 않을 것이다.

그래, 당신에게 '만사가 형통하리라'고 말해주고 싶다. 진심이다. 하지만 그렇게 말하는 순간 나는 거짓말쟁이가 되고 만다. 내가 거짓말하기를 바라는가? 솔직하게 새로운 고객을 찾아다니는 게 어떤 기분인지 말해볼까? 그것은 벵갈 호랑이들과 사투를 벌이는 상황보다 더 지독하다. 심지어 내 소중한 거시기가 날고기와 함께 묶여 있어서 그 암컷들이 더 적극적이라고 상상해보라. 내 말을 이해하겠는가? 고객을 찾아내는 일은 내가 아는 한, 세상에서 가장 어렵고도 겁나는 일이라는 뜻이다.

하고 싶은 일(당연히 디자인!)을 따내기 위해서라면 어렵고 겁나는 일(다시 말해서 고객을 찾아내는 일)도 마다하지 않아야 한다. 이 말에 심란해지는가? 그렇다면 당장 책을 덮어라. 그리고 당신이 선택한 직업에 대해 냉정하게 다시 생각해라. 스트레스를 덜 받는 직업은 얼마든지 있다. 가령 코브라가 우글거리는 동물원을 청소하는 일은 어떤가? 찾아보면 의외로 많다. 그런다고 해서 누구도 당신을 얕잡아 보지는 않을 것이다. 삼베옷을 뒤집어쓰고 신에게 용서를 구하면 된다.★ 디자이너 말고 다른 직업을 구해라! (아무도 당신의 전업을 슬퍼하지는 않을 것이다. 경쟁자가 없어지면 고객들이 더 많아질 테니까.)

다시 말하지만, 새로운 고객을 찾아내는 일은 디자이너가 해야 하는 일 가운데 가장 두렵고 어려운 도전이다. 하지만 겁에 질려 걱정만 한다고 고객이 제 발로 찾아오지는 않는다. 고객은 누군가를 고용할 때 그 사람의 자신감을 본다. 고객을 놓치고 싶은가? 가장 확실한 방법은 잔뜩 겁먹고 긴장해서 벌벌 떠는 모습을 보여주면 된다. 그렇다고 해서 일을 따내기 위해 관심 없는 척 밀고 당기기를 하며 고객을 애타게 하라는 의미는 아니다. 내가 당부하고 싶은 말은 '당당하게 행동하라'는 거

★ 구약 성서인 《요나》서와 《예레미야》서를 보면 하나님께 잘못을 빌 때 굵은 베옷을 입고 회개하는 기록이 나온다. 이 글에서는 잘못된 직업 선택에 대해 반성하라는 의미로 사용되었다.

다. 고객이 디자인뿐만 아니라 자기 회사의 평판까지도 당신에게 맡길 수 있을 만큼 당당해져야 한다.

이번 장은 프리랜서 디자이너나 중견 디자인 회사 임원이라면 곧바로 써먹을 수 있는 정보를 담고 있다. 하지만 내가 말하려는 요지는 누구에게나 도움이 될 것이다. 프리랜서 디자이너나 디자인 회사 임원이 아니라 해도, 심지어 고객이 '짠' 하고 제발로 나타나는 대규모 디자인 회사에서 근무한다고 해도, 새로운 고객을 어디서 찾아야 할지에 대해서는 알아둘 필요가 있다.

고객은 회사가 잘 굴러가게 만드는 원동력이다. 우리 몸에 비유하자면, 고객은 혈관을 타고 흐르며 모든 일이 순조롭게 이루어지도록 만드는 산소 같은 존재이다. 디자인을 아무리 잘해도, 그 서비스에 합당한 대가를 지불하려는 사람이 없다면 당신은 사업을 접어야 한다. 디자인 회사들이 망하는 첫 번째 이유는 고객이 부족하기 때문이다. 두 번째 이유? 알게 뭐람. 하지만 이 말만은 명심하자. '가장 좋은 고객은 언제나 한 방향에서 온다.'

## 소개와 추천으로 이루어지는 방식

지금 우리가 하는 일은 모두 누군가의 소개를 통해 들어왔다. 공식적인 사업제안요청서 RFP Request For Proposal 절차를 밟지 않은 일도 꽤 많다. 그동안 우리가 해낸 일 중에서 가장 규모가 크고 성공적인 프로젝트들을 돌이켜보자. 입찰 경쟁조차 하지 않았던 경우도 있을 것이다.

일반적인 사람들이라면 의사나 변호사, 정육점에 대한 새로운 정보를 얻고 싶을 때 어떻게 할까? 먼저 주변의 믿을만한 사람들에게 물어볼 것이다. 자신이 신뢰하는 사람의 의견이라면 귀담아 들을 만하고, 실제로 직접 찾아다니며 조사하는 것보다 훨씬 빠를 것이기 때문이다.

아침에 일어났는데 갑자기 무릎이 아프다고 가정해보자. 당신은 우선 머릿속으로 주소록을 뒤져보고 작년에 무릎이 아프다고 했던 친구를 생각해낼 것이다. 다음에 그 친구를 만나면 담당 의사에 대해 이것저것 물어보고, 그녀가 걸을 때 혹시 다리를 절뚝거리지는 않는지 확인한 후 그 의사의 전화번호를 받아낼 것이다. 이제 당신은 좋은 의사를 찾을 수 있을지 걱정하던 단계를 뛰어넘어 믿을만한 의사를 한 명 확보한 셈이다. 뿐만 아니라 그 의사가 당신의 예약을 받아줄지 궁금해하는 단계까지 나갈 것이다. 믿는 사람이 추천해주는 거라면 무엇이든 철석같이 믿게 되는 '신뢰의 속성' 덕분에 일어난 일이다. 신뢰는 사람들 사이에 쉽게 퍼진다.

디자이너를 찾는 일도 마찬가지다. 대부분의 사람들은 디자이너를 고용할 일이 별로 없다 (평범한 사람의 주소록에는 택배회사 전화번호가 디자이너의 것보다 많다). 따라서 디자인이 필요한 상황이 생기면 그들은 예전에 디자이너로 고용한 적이 있는 친구나 동료와 상의할 것이다. 인터넷 구인구직 광고나 공고된 사업제안요청서 RFP에 이메일을 보내온 모르는 사람보다는 지인들이 소개하는 사람을 더 신뢰하게 될 것은 불 보듯 뻔한 일 아닌가.

실력이 비슷해 보이는 디자인 회사 두 군데를 놓고 고민하는 경우도 마찬가지다. 소개로 들어온 업체가 더 강력한 우위에 서는 게 인지상정이다. 그건 좋은 고객을 찾는 디자이너 입장에서도 마찬가지다. 사회적으로 널리 알려져 있고 평판이 좋다면 훌륭한 고객일 가능성이 높다. 고객이 구인구직 광고를 통해 뽑은 디자이너를 신뢰하지 못하는 것처럼, 당신도 광고를 통해서 디자이너를 구하는 고객을 미심쩍어하기 마련이다.

### 소개를 받으려면 어떻게 해야 할까

추천이나 소개는 대개 친구나 동료, 또는 동료의 친구, 예전 고객들이 해준다. 추천이나 소개를 잘 받으려면 두 가지를 명심해야 한다.

1. 함께 일하기에 즐거운 사람일 것
2. 일을 잘할 것

시간을 들여서 고객 회사 사람들과의 관계를 좋게 유지하고 돈독하게 하라. 그들을 프로젝트의 소중한 구성원으로 생각해야 한다. 그리고 그들의 의견이 확실히 반영되도록 신경 써야 한다. 시간이 지나면 그 사람들은 승진하거나 직장을 옮길 것이다. 만약 이번 프로젝트가 잘되면 당신을 고용한 사람은 회사 내에서 주가가 오를 것이고, 나머지 팀원들도 언젠가는 디자인 서비스가 필요한 회사로 옮겨갈 가능성이 높다. 당신에 대한 모든 정보는 그들과 함께 움직인다. (말하자면 그렇다는 소리다. 이 말을 곧이곧대로 받아들이지는 마라. 내가 다른 장을 할애해서 그 부분을 따로 설명해야 할 일이 일어나지 않길 바란다.) 어디에서든 디자이너를 찾는다는 공지가 뜨면 그들은 당신을 추천할 것이다. 이번 프로젝트에서 내놓는 디자인 결과물과 현재의 고객과 맺는 인간관계는 모두 다 '영업활동'이다. 성공적으로 일을 해내면 현재 고객의 소개를 받아 또 다른 일감을 얻게 될 것이다. 그러니 당신은 다음 일을 위해서라도 이러한 노력을 멈춰서는 안 된다.

**착한 사람이 아니라 함께 일하기 좋은 사람이 되라**

한번은 어떤 남자로부터 전화가 왔다. 그는 "A라는 사람이 당신을 소개했소. A는 내가 잘못하면 당신은 주저 없이 내가 틀렸다고 얘기할 사람이라고 하더군요. 아마도 나를 열 받게 할 거라고도 했소. 하지만 좋은 결과를 얻으려면 당신이 하는 말에 무조건 귀를 기울이라고 합디다." 솔직히 나는 그 얘기를 듣고 기뻤다.

하지만 당신은 함께 일하기 좋은 사람이 되도록 노력해야 한다. 왜냐하면 누구라도 까칠하고 제멋대로 구는 사람보다는 함께 일할 때 기분 좋은 사람을 원하기 때문이다. 가식적인 사람과 일하고 싶어하지도 않는다. 일을 제대로 진행하기 위해서 때로는 꺼내기 싫고 힘든 대화도 나누어야 한다.

같이 일하기 좋은 사람과 마냥 착한 척하는 사람은 분명 차이가 있다. 같이 일하기 좋은 사람이란 할 말을 다 하면서 프로젝트에 적극적으로 참여하는 이를 말한다. 반면 착한 척한다는 건 표면적인 평화를 유지하는 데만 신경을 쓴다는 뜻이다. 때때로 디자이너는 고객의 요청이 잘못됐다고 지적할 필요도 있다. 기분이 상하지 않게 배려하면서 필요한 말을 하는 것도 고객 서비스 중 하나인 것이다. 그러나 착한 척하느라고 그동안 시간과 노력을 너무 많이 투자했기 때문에, 문제가 생겼을 때도 고객이 싫어할까 봐 돌직구를 날리길 주저한다. 착한 척하는 부류의 가장 큰 문제다. 그래서 착한 척하는 것이 막돼먹은 사람처럼 구는 것보다 훨씬 더 나쁘다.

고객은 친구가 되려고 디자이너를 고용하는 게 아니다. 그들이 직면한 문제에 대한 해결책을 달라고 당신에게 돈을 지급하는 것이다. 하지만 같이 일하기 좋은 디자이너와 못돼먹은 디자이너가 똑같은 솔루션을 내놓는다면 고객은 당연히 전자를 고용할 것이다.

**일을 제대로 완수하라**

당신은 스스로 세상에서 함께 일하기 가장 좋은 사람이라고 자부하는가? 그렇다고 해도 결과물이 엉망이라면 새로운 고객을 얻는 데 하나도 도움이 되지 않는다. 그렇다고 디자인 품질 그 자체로만 고객을 모을 수 있다고도 착각하지 마라. '일'을 잘하는 것이 비즈니스의 핵심이기 때문이다. 당신이 일을 잘한다고 가정해보자. 다시 말하지만 고객은 당신을 고용하는 것이다. 당신의 포트폴리오가 아니다. 포트폴리오는 그간의 능력을 입증하는 자료일 뿐이다. 물론 포트폴리오도 중요한 의미를 지니겠지만, (특히 포트폴리오가 성공 지표와 맞아 떨어진다면!) 포트폴리오만으로 프로젝트를 따는 일을 대신할 수는 없다. 당신이 예전 고객들의 문제를 해결해준 것처럼 잠재적 고객들의 그것도 감당할 수 있다는 확신을 주어야 한다. 디자인을 잘하려면 우선 '우리의 일'이란 무엇인지부터 다시 정의해야 한다. 포트폴리오는 기본이고, 거기까지 도달하기 위해 당신이 했던 모든 대화와 결정, 그리고 설득까지 모두 다 '진짜' 일에 포함된다.

### 일에 대하여 명확함과 적극성을 가져라

누군가는 이 방법을 '엘리베이터 영업'*이라고 부르기도 한다. 하지만 실제로는 '스탠딩 파티에서 새로운 사람 만나기 영업'에 가깝다. (엘리베이터 안에서 모르는 사람과 수다 떨고 싶은 이가 어디 있겠나? 그야말로 소름 돋는 프라이버시 침해다.) 이 방법을 제대로 구사하려면, 당신이 하는 일에 대해서 언제든 재미있고 간결하게 설명할 준비를 해야 한다. 파티에서 처음 만난 사람을 구석에 몰아넣고 끊임없이 웅얼대는 인간을 좋아할 이는 아무도 없다. 하물며 그 내용이 당신의 일이라면 끔찍하지 않겠는가? 하지만 누군가가 인사말로 "무슨 일을 하시나요?" 하고 물었을 때 당신이 열정적이고 자신있게 설명한다면, (그리고 곧바로 입을 다문다면) 그 사람은 분명 당신을 기억할 것이다. 그리고 기회가 닿으면 추천할 수도 있을 것이다. 믿기 어렵겠지만 실제로 자주 벌어지는 일이다.

### 인맥관리를 하라

인맥관리가 무엇인지 묻는다면 '사전조사에 예의를 더한 것'이라고 답하겠다. (사전조사는 디자인 작업에서 기본이다.) 직업이라고는 수렵과 채집밖에 없었던 원시시대부터 지금까지 인류의 역사를 살펴보자. 우리는 누가 고용하는 위치에 있는지, 지인 중에 누가 그 사람을 아는지 찾아내기 가장 쉬운 시대에 살고 있다. 그래서 사전조사를 쉽게 하려면 사람을 많이 알아두는 것이 절대적으

---

* 엘리베이터를 타고 가는 시간과 같은 짧은 시간 안에 간단하고 빠르게 내용이나 아이디어를 전달한다는 의미

로 유리하다.

인맥관리에 소질이 없다 해도 낙담할 필요는 없다. 안심해도 좋다. 디자인할 때처럼 사용자 중심적 접근방식을 시도해보자. 누군가를 만날 때마다 그들에 대한 정보를 알아가는 것부터 시작하라는 얘기다. 무엇이 그들의 흥미를 끌고 동기를 부여하는지 알아내라. 그들을 돕기 위해 당신이 할 수 있는 일은 없는지 생각해내라. 그들이 원하는 것이나 관심사에 대해 맞장구쳐줄 수도 있다. 유용한 정보를 제공하는 것도 좋다. 뭐든 괜찮다. 다음번에 그들을 만나 당신이 하는 일이나 필요로 하는 것에 대해 얘기할 때, 당신이 알아낸 것들을 대화 속에 버무려서 슬쩍 건네기만 하면 된다.

물론 진심에서 우러나온 관심과 자신감에서 비롯되어야 한다. 그렇지 않다면 오싹한 스토커처럼 보일 위험도 있다. 모든 일이 다 그렇듯이, 인맥관리 기술도 연습하면 나아진다. 그리고 지인들에게 소개나 추천해달라는 부탁을 두려워하지 마라. 사람들은 추천할 만한 누군가를 알고 있다는 것을 자랑스럽게 여긴다. 인연이라고 생각하든 사업이라고 생각하든 그건 당신 자유다. 하지만 사람들은 누군가를 추천하는 일을 좋아한다. 실력 있고 믿을 만한 사람이라고 진심으로 믿고 있다면, 더더욱 그렇다.

**당신을 널리 알려라**

어느 날 매우 현명한 (그리고 잘생긴) 남자가 말했다.

"의견을 글로 써서 공개하지 않으면 당신이 무슨 생각을 하는지 아무도 모를 겁니다."

그 당시에 나는 글쓰기에 재능이 없다고 생각했기에 책을 낼 엄

두도 내지 못했다. (사실 이 문제는 시간이 해결해주는 것이 아니라 본인이 노력하고 또 노력해서 극복해나가는 것이다.) 하지만 사업을 위해서라도 그의 충고를 가슴 깊이 새겨야 한다는 것을 본능적으로 알았다. 당신도 그래야만 한다. 누군지도 모르는 사람한테, 어떻게 일을 맡기고 돈을 주겠나? 그러니 글을 쓰고 디자인을 하고 당신을 널리 알려야 한다. 그 결과가 좋을지 나쁠지는 시간이 지나면 알 수 있다. 하지만 사람들 앞에 자주 모습을 드러내고 의견을 말하지 않는다면, 고객은 당신을 찾아내지 못할 것이다. 그리고 글 솜씨는 쓰면 쓸수록 나아진다.

### 좋은 관계를 유지하라

프로젝트가 끝났다고 고객과의 관계도 끝난 게 아니다. 우선 프로젝트가 성공했는지 아닌지를 확인해야 한다. 장기적인 목표를 달성했나? 모두의 기대를 충족시킬 만큼 통계 수치가 좋게 나왔나? 프로젝트가 성공한 걸 확인했으니 다 됐다고 생각하는가?

잠깐! 중요한 게 한 가지 남아 있다. 바로 고객과 좋은 관계를 유지하는 일이다. 앞으로 다른 좋은 기회를 소개받으려면 말이다. 일을 완벽하게 해치웠을 뿐만 아니라 같이 일하기도 즐거웠고 일이 끝난 후에도 유쾌한 사람으로 기억된다고 생각해보자. 고객 입장에서 당신이 알고 지내기에 참 좋은 사람이면 베스트다. 그리고 사람들은 좋은 사람을 다른 좋은 사람에게 소개해주고 싶어한다.

좋은 관계를 유지하는 일은 그리 어렵지 않다. (내 심리 상담사가 비웃는 소리가 들리는 듯하다.) 당신이나 고객 양쪽 모두 웹사이트 만들어 밥 먹고 사느라 바쁜 사람들이다. 부탁이 있을 때만 그들에게 연락하지 마라. 가끔 이메일이나 전화로 안부를 물어보라. 짧게 방문하는 것도 나쁘지 않다. 고객의 회사가 멋진 프로젝트를 성공시켰다면 축하 메일을 보내고, 트위터에서 트윗을 하고, 공개적으로 축하의 말을 남겨라. 백 년에 한 번쯤은 만나서 맥주나 식사를 같이 해도 좋다. 물론 당신은 항상 다른 고객을 소개받으려 하고 있다는 것을 그들에게 확실히 알릴 필요가 있다. 하지만 그게 대화의 중심이 되는 것은 곤란하다.

### 당신을 추천한 사람들 얼굴에 먹칠하지 마라

친구나 동료로부터 잠재적 고객을 소개받았는가? 그렇다면 이제 당신은 그 소개해준 사람에 대해 책임을 져야 한다. 그들이 욕먹지 않도록 잘해야 한다는 뜻이다.

그들은 당신을 도와주기 위하여 자신의 평판을 시험대에 올렸다. 소개받은 일을 잘 처리하는 것은 당신이 믿음직한 사람이라는 점을 보여주는 행위다. 뿐만 아니라 당신을 소개해줄 인맥에 행복한 고객이 한 명 더 추가되었다는 의미이기도 하다.

만약 일을 엉망으로 처리하면, 당신은 물론이고 소개한 사람의 평판에도 금이 간다. 다시는 그 사람과 같이 일할 기회는 없을 것이다. 앞으로 그들의 추천서를 다시 받을 수도 없을 것이다. 꿈도 꾸지 말아라. 게다가 당신을 소개한 사람과 소개받은 고객 사이에도 불필요한 갈등이 생겨날 가능성이 크다.

그렇다면 소개받은 일이라고 무조건 해야 할까? 그건 아니다. 고객이 당신과 잘 맞는지 아닌지를 따져보고 결정하면 된다. 항상 하던 대로 하라. (이 얘기는 뒤에서 자세하게 다룰 참이다.) 여기서 중요한 건, 고객의 문의에 당신이 어떻게 대처하는가이다. 우리 회사는 규모가 작다. 이 글을 쓰고 있는 이 순간, 우리 회사에는 12명이 일하고 있다. 그리고 우리는 상당한 수의 사업 문의를 받는다. 하지만 추천 받은 일이 가끔은 우리 회사에 적합하지 않을 때도 있다. 그걸 빨리 알아차릴수록 모든 사람이 더 행복해진다.

사업문의를 해오는 잠재적 고객들을 응대하는 것과 이미 계약을 마친 고객들과 함께 일하는 것 사이에 적절하게 시간을 배분해야 한다. 연락해오는 잠재적 고객들을 다 만나고 싶긴 하겠지만, 그렇게 하면 지금 함께 일하는 고객들에게 공들일 시간이 부족하다.

이 난감한 상황을 해결하기 위해 질문지를 만들었다(옆 페이지 참고). 우리와 잠재적 고객이 함께 일하는 것이 적합한지 알아내는 일종의 필터라고 해두자. 잠재적인 프로젝트가 이 필터를 통과한 후에라야 비로소 소중한 (고객에게 비용을 청구할 수 있는) 시간을 쏟아서 그 일을 해나가는 것이 합리적이라고 생각하기 때문이다. 그 질문 중 몇 가지는 모든 디자인 회사에 적용할 수 있다. 프로젝트의 목표와 요구되는 능력, 일정표, 예산 등이 그러하다. 지난 몇 년간의 경험을 통해 좋은 프로젝트와 나쁜 프로젝트를 어떤 기준으로 구분해야 할지 알게 되었다. 그래서 질문지에 몇 가지 항목을 더 추가했다.

## 적절한 고객을 가려내는 질문지

출처 : http://muledesign.com/designbook/screener.html

- 당신 조직의 주요 업무와 서비스는 무엇인가?

- 프로젝트를 요약해보라.

- 기존의 디자인을 수정하는 일인가,
  아니면 새로운 것을 디자인하는 일인가?

- 이 프로젝트의 주요 목표는 무엇인가?

- 우리가 어떤 부분에서 당신의 팀에 최상의 가치를 더하거나,
  당신의 팀을 보완할 수 있다고 생각하는가?

- 당신 쪽에서는 누가 프로젝트에 참여할 것인가?
  추가적인 외부 협력자나 업체들이 참여할 것인가?
  그렇다면 어떤 방식으로?

- 지금 이 프로젝트를 진행하는 데 있어 당신에게
  동기부여하는 것은 무엇인가?

- 언제까지 작업이 완료되어야 하는가?
  당신이 목표로 하는 전체 완료 날짜는 언제인가?
  날짜를 그렇게 정한 이유는 무엇인가?

- 이 프로젝트에서 가장 중요한 것은 무엇인가?

- 다음 각각의 항목은 얼마나 중요한가?
  – 회사 전략의 변화

- 웹사이트 리브랜딩/새로운 이미지/룩앤필 Look and feel
- 기술/백엔드 개발
- 주요 측정 기준 개선/성과 또는
  결과의 수치화 Quantifying success or result /환산 Conversion
- 콘텐츠 전략/작성
- 고객이나 조직에 대한 이해
- 일을 최대한 빨리 처리하기
- 비용을 최대한 저렴하게 처리하기
- 경쟁 업체와의 차별화
- 새로운 고객 창출
- 가치 입증/잘못된 견해 정정하기
- 디자인 협력자와의 업무 관계/의사소통
- 당신 회사의 고객/주 사용자/목표 사용자는 누구인가?

· 당신의 기준에서 성공은 어떻게 그려지는가?
  이 프로젝트가 성공했는지 어떻게 알 수 있을까?

· 당신의 걱정거리는 무엇인가?
  뭐가 잘못될 수 있다고 생각하는가?

· 이 프로젝트를 더 쉽게, 아니면 더 어렵게 만들 수 있는
  당신 조직의 특징이 있는가?
  어떤 특정한 방식을 사용하든 말이다.

· 예산의 범위는 어느 정도인가?

· 당신 쪽의 업체 선정 과정은 어떻게 진행될 것인가?
  몇 개의 업체들과 이야기를 나누고 있는가?
  언제 결정을 내릴 것으로 예상하는가?

고객이 당신을 평가하듯이 당신도 고객을 평가할 수 있다. 기억해둬라. 중요한 일이니까. 때때로 어떤 잠재적 고객들은 이러한 절차(당신이 고객을 평가하는 절차)가 있다는 사실을 알고 놀라기도 한다. 그렇다면 그들은 좋은 고객이 아닐 가능성이 높다.

프로젝트에 적합한 회사가 아니라는 판단이 서면, 우리는 잠재적 고객에게 그렇다고 말한다. 하지만 예전 고객이 우리를 이 일의 적임자라고 생각해서 추천한 경우라면 얘기가 좀 달라진다. 우선 그 잠재적 고객과 대화를 나눠본다. 그럼에도 불구하고 적임자가 아니라는 판단에 변함이 없다면, 그들에게 알맞은 회사를 소개해준다. 물론 그 과정에서 최선을 다한다. 그들이 도움을 받았다는 기분이기를 바라기 때문이다. 혹시 나중에라도 그들과 함께 우리 회사의 성격에 맞는 프로젝트를 진행하게 될지 누가 알겠나? 그러니 함께 일하지 않기로 했다 하더라도 좋은 인상을 남기는 게 바람직하다. 당신이 하는 일에 대해 명확하고도 긍정적인 방식으로 설명하면, 그들도 다른 사람에게 당신을 소개해줄 것이다.

소개야말로 고객을 구하는 가장 좋은 방법이다. 물론 다른 방법도 있다. 아이패드가 최고의 태블릿이긴 해도, 다른 태블릿이 없는 게 아닌 것처럼 말이다.

### 일을 구하는 차선책들

지금부터 알려줄 방법은 모두 일거리를 찾는 데 쓸모 있을 것이다. 당신이 하게 되는 일의 90퍼센트 정도는 소개로 들어오겠지만, 그렇다고 하는 일 없이 손 놓고 앉아서 전화벨이 울리기만 기다릴 이유도 없으니까 말이다. 그럼 다른 방법을 한번 검토해보자.

### 사업제안요청서

우량 기업 중 많은 회사가 사업제안요청서[RFPs, Request for proposals] 절차를 통해서만 일거리를 맡긴다. 그리고 그 일은 따내기 위해 애써볼 가치가 있는 경우가 많다. 누구든 "나는 사업제안요청서에 절대 응하지 않는다."고 말한다면 그건 '고객과 미팅을 하지 않는다'는 말처럼 새빨간 거짓말이다. 그런데 대부분의 사업제안요청서는 심각한 문제점을 지니고 있다. 그 요청서에 따라 제안서를 만들어야 하는 당신만큼이나, 요청서를 작성한 사람도 엄청나게 짜증난 상태에서 그 문서를 작성했다는 점이다.

바로 그 점이 사업제안요청서를 공략하는 중요한 열쇠가 될 수 있다. 누가 문서를 작성했는지 알아봐라. 대부분의 사업제안요청서에는 연락처가 게재되어 있다. 전화를 걸어서 그것을 작성한 사람과 친분을 쌓아라. 어쩌면 그들이 어디선가 당신 얘기를 들어봤을 수도 있다. 그렇다면 당신은 점수를 따고 들어가는 거다. 우선 대화를 시작해라. 그리고 그 업체에 대해 최대한 자세한 정보를 알아내라.

사업제안요청서가 지닌 또 다른 문제는 지시사항이 지나치게 권위적이라는 점이다. 적절하든 적절하지 않든 간에 특정 솔루션까지 지정해놓은 경우도 있다. 이것은 대체로 회사가 디자이너를 고용해야 하는 상황이 못마땅하고, 그 상황을 제어하려고 애쓰고 있다는 신호이다. 그들이 디자인 프로세스에 깊숙하게 개입하려다 보니 결국엔 혼선을 일으켜 문제를 더욱 꼬이게 만든 셈이다. 그들이 이 어려움을 잘 해결하도록 당신이 도와줄 수도 있다.

사업제안요청서가 버튼의 색깔까지 지시하고 있다면 전화기를 들어라. '제발 좀 살려달라'는 구조요청신호라고 보면 된다. 당신과 담당자 상호 간의 이해를 구축할 수 있는 더할 나위 없는 기회이기도 하다. 사업제안요청서 양식에 맞춰 엉망으로 작성된 325개 항목의 제안서를 읽는 것보다는, 디자이너와 직접 통화하는 편이 담당자에게도 더 큰 도움이 될 수 있다. 물론 공문을 보내는 모든 기업에 일일이 전화할 필요까지는 없다는 점도 기억해두라.

그건 그렇고, 이런 회사들이 사업제안요청서를 보낼 대상자를 어떻게 선정하는지 아는가? 바로 소개를 통해서다. 정말 놀랍지 않나?

**먼저 연락하기**

함께 일하고 싶은 회사가 있다면 먼저 연락해보는 것도 괜찮다. 하지만 이런 종류의 영업이 성공할 확률은 현실적으로 낮다. 한마디로 말하자면 시멘트 바닥에 씨앗을 뿌려놓고는 싹트기를 바라는 것과 같다. 그렇게 되려면 씨앗 중 몇 개는 새들에게 먹히지 말아야 할 것이다. 살아남은 씨앗 중 다시 몇 개는 갈라진 시멘트 틈새로 들어가야 할 테고, 흙을 만나서 숨죽이고 있다가 춥지도 덥지도 않은 적절한 계절에 비를 맞아야 할 것이다. 그때서야 비로소 싹을 틔울 수 있다. 이미 나와 있는 일을 따내는 것도 힘든 터에, 일이 있는지 없는지도 모르면서 사람들에게 연락을 취하는 건 훨씬 더 힘든 일이다.

그럼에도 당신이 진심으로 함께 일하고 싶은 회사가 있다면 일단 도전해보라. 그 성공률을 높여줄 방법은 언제나 그렇듯이 인맥을 통해 접근하는 것이다. 분명 당신이 아는 누군가가 그 회사의 누군가를 알고 있을 거다. 식사와 술을 대접할 준비쯤은 해야겠지. 종이 클립을 가지고 물물교환을 거듭해서 열 번 안에 꿈에 그리던 고객 앞에 마주 서는 게임*같은 걸로 생각하자. 운이 좀 따라주면 당신을 도와줄 사람들을 바로 만날 수 있을 것이다. 나중에라도 디자이너가 필요할 때 고려해달라는 식의 영업이 되긴 하겠지만, 깊은 인상을 남기는 것이 중요하다. 그들의 담벼락에 오줌을 싸든지 뭐라도 해라. 그리고 참, 잠재적 고객들도 당신만큼이나 '같이 일하고 싶다'고 들이대는 전화를 받는 걸 좋아한다.

### 광고나 후원하기

한번은 SXSW**에서 열리는 파티를 공동 후원해달라는 제안을 받았다. 행사스케줄표에 우리 회사 이름을 올리고, 파티행사장 외부에 배너를 설치해주는 데 3~4천 달러가 든다고 했다. 그때 회사에는 그 정도의 여유자금이 없었다. 그래서 우리는 그 제안을 받아들이는 대신 회사 로고를 박은 스티커를 제작했다. 비용이라곤 50달러밖에 안 들었다. (우리 회사 로고가 동물인 것도 도움이 되었다. 사람들은 동물을 좋아하니까.) 우리는 파티에 가서 스티커를 나눠주었

---

* 캐나다 청년 카일 맥도널드는 2005년 7월 12일, 빨간 클립 하나로 '비거 앤드 베터BIGGER AND BETTER', 즉 더 크고 더 좋은 것으로 바꾸기 게임을 계획해 1년 만에 14번의 물물교환 끝에 침실 세 개짜리 집으로 바꾸는데 성공했다. 그는 자신의 체험을 《빨간 클립 한 개》라는 책으로 냈고, 우리나라에서도 소담출판사에서 동명의 번역본이 나왔다.
** 미국 텍사스 오스틴에서 매년 열리는 음악과 IT 축제. The South by Southwest의 약자

다. 사람들은 술에 취해 서로에게 스티커를 붙이고는 사진을 찍어 인터넷에 올렸다. 사람들이 그 파티를 뭐라고 부르고 있는지 아는가? '뮬*** 파티'라고 부른다.

물론 나도 광고의 힘을 믿는다. 하지만 돈을 낭비하지 않는 게 좋다는 교훈도 믿는다. 그 파티를 통해서 고객이 생겼을까? 아마도 아닐 거다. 하지만 우리의 인지도는 조금 높아졌을 것이다. 쓴 돈이라고는 고작 50달러밖에 없다. 4천 달러씩 후원해준 회사들 덕분에 우리는 공짜 맥주도 실컷 마셨다.

그러니 당신도 가끔 파티를 열고, 회의용 안내책자에 광고를 신기도 해라. 고객들이 보는 곳에서 당신을 홍보해라. 목표층이 아주 뚜렷한 광고는 회사 인지도를 높이는 데 도움이 된다. 하지만 고객을 찾기 위한 목적으로 광고를 낸다면 너무 큰 기대를 걸거나 올인하지 않는 게 좋다. 광고의 역할이라는 게, 기껏 해봐야 소개받고 찾아온 고객에게 당신이 친근하게 느껴지도록 만드는 정도밖에 되지 못할 테니 말이다.

### 회의와 세미나 참석하기

대규모 회의나 세미나도 잠재적 고객과 디자인 업계 사람들을 만날 수 있는 좋은 장소이다. 심지어 그 둘이 같은 사람일 때도 있다. 대개의 세미나장은 참가 예산을 댈 수 있을 정도로 규모가 큰 회사에서 일하는 디자이너들로 득실거린다. (게다가 법인카드로 쿨하

---

*** 회사 이름인 Mule Design에서 mule은 '수나귀와 암말의 잡종인 노새'라는 뜻을 지닌 단어

게 식사를 쏠 가능성도 높다. 그들과 항상 붙어 다니는 게 좋을 거다!) 이런 회사는 외주 디자이너를 고용하거나 사업제안요청서를 통해 일을 발주하는 대기업이다. 그런 점에서 그 회사 내부에 있는 누군가를 알아두면 소중한 자산이 된다.

### 일하고 싶은 분야에 대하여 블로깅하라

디즈니와 함께 일하고 싶다면 블로그에 디즈니랜드에 대한 글을 올려라. 인터넷에서 디즈니의 디자인에 대해 검색할 때, 사람들이 찾을 수 있는 최고의 블로그 포스팅을 만들어라. 이것만으로 디즈니에서 디자이너가 필요할 때 당신한테 전화를 걸진 않겠지만, 그렇다고 손해볼 것도 없지 않은가? 어쨌든 당신이 진심으로 관심 있는 분야에 대하여 글을 쓰는 건 나쁘지 않다.

모든 일이 다 그렇지만, 특히 고객을 찾는 일에 있어서 핵심은 자신감이다. 어제 어딘가에서 실려와서 내일까지 있을지 없을지 모르는 현금인출기에 돈을 입금하고 싶어하는 사람은 없다. 디자이너도 마찬가지다. 당신이 찾아낸 고객이 궁극적으로 당신에게 알맞은 고객인지 아닌지를 판단할 필요가 있다. 결국 최고의 고객이란 당신의 가치를 완전히 이해하고 당신의 장점을 자신들이 해결해야 할 디자인 문제에 잘 활용하는 고객이다. 게다가 스케줄도 당신과 잘 들어맞는 사람이다.

고객을 제대로 평가하면, 당신에게 알맞은 고객을 찾아낼 수 있다. 그러면 당신의 거시기를 벵갈 호랑이들과의 사투로부터 안전하게 지킬 수 있을 것이다.

**CHAPTER 3**

# 나쁜 고객, 좋은 고객, 이상한 고객
:
### 적절한 고객을 고르는 법
CHOOSING THE RIGHT CLIENTS

새로운 고객을 잡으면 정말 끝내주는 기분이 든다. 당신도 마찬가지일 것이다. 물론 고객의 사업 형태나 규모가 제각각이라 당신에게 적합하지 않은 고객도 분명 있을 수 있다. 그리고 때로는 당신이 그들에게 적합한 디자이너가 아닐 수도 있다. 이런 이유로 고객과 당신 양쪽 모두의 비즈니스를 위해서라도 적절한 고객을 고르기 위해 신중하게 접근해야 한다.

일단 당신이 잠재적 고객에게 가장 적합한 디자이너라는 점을 확인시켜줄 의무가 있다. 수주한 업무가 당신 능력으로 해낼 수 있는지도 확인해야 한다. 당신이 회사를 대표해서 일을 받아오는 거라면, 직원들에 대해서도 책임의식을 가져야 한다. 직원들의 장점을 제대로 살리지 못하는 일로 그들의 입장을 난처하게 만들어서는 안 되기 때문이다.

당신이 선택하는 고객은 결국 당신이 어떤 디자이너인지를 말해주는 셈이다. 포트폴리오에는 이야기가 담겨 있어야 한다. 새로 추가되는 고객은 그 이야기에서 또 다른 단원으로 장식되는 것이다. 그러므로 하고 싶은 이야기가 의도대로 잘 만들어지고 있는지 포트폴리오를 점검하자. 당신의 이야기가 멋지고 감동적이어서, 다음 고객이 그 이야기의 일원이 되고 싶어 안달이 날 정도가 되어야 한다는 얘기다.

지난 10년 동안 뮬 디자인을 운영하면서 우리는 개인적으로 깊은 관심과 열정을 느끼거나, 세상에 크게 이바지할 것 같거나, 아주 재미있을 것 같거나, 우리가 호기심을 느끼는 주제의 프로젝트를 진행해왔다. 때로는 회사의 운영비용을 마련하기 위해 돈이 되는 프로젝트도 맡았지만 말이다. 하지만 우리는 양심에 비추어 부끄러운 작업이나 애초부터 잘못될 거라고 직감적으로 알아차린 프로젝트는 맡지 않았다. 하늘에 맹세할 수 있다.

### 고객을 위하여 양질의 작업을 할 수 있는가

비즈니스 논의 과정은 당신과 잠재적 고객 양쪽에서 진행되어야 한다. 잠재적 고객이 당신과 함께 일할지 말지를 정하듯이, 당신도 그 고객과 함께 일할지 말지를 정해야 한다. 그 고객은 당신의 흥미를 불러일으키는 문제를 다루고 있나? 그 문제를 해결하는 데 필요한 핵심역량을 갖추고 있나? 문제 해결 과정에서 당신이 자유롭게 일할 수 있는 여지가 있나? 그들은 돈을 지급할 능력이 되나?

지난 몇 년 동안의 경험을 통해 확실히 믿게 된 불변의 법칙이 하나 있다. 잠재적 고객이 비즈니스 논의 과정 중에 보여주는 모습은 프로젝트 진행 단계에 들어가서도 바뀌지 않는다는 사실이다. '행동불변의 법칙'이라고나 할까? 사람들의 행동 방식은 계약 전이건, 계약 후이건 바뀌지 않는다는 얘기다. 그러니 직감을 믿어라. 고객이 지금 단계에서 당신의 요청에 답하는 속도가 늦다면, 프로젝트를 진행하는 도중에도 느릴 것이다. 요구사항이나 기술적 제약에 대한 정보를 얻기 어렵다면, 피드백을 얻는 건 그보다 훨씬 더 어려울 것이다. 대화를 해봤더니 노동절 축제 행렬처럼 여기저기서 붉은색 경고 깃발이 나부낀다면? 얼른 발을 빼라. 그런 상태에선 일을 제대로 할 수 없다. 그건 양쪽 모두에게 이롭지 못한 일이다.

가장 이상적인 상황은 고객이 '짠!' 하고 나타나서 "우리는 문제를 잘 파악하고 있습니다. 그렇다고 어떤 특정한 솔루션에만 목을 매는 것은 아닙니다. 우리와 당신, 양사가 가진 전문적 지식을 하나로 모아서 멋진 해결책을 함께 찾아낼 수 있기를 기대하고 있습니다."라고 말한 후 고객과 당신 모두 유니콘을 타고 미팅 장소를 떠나는 것이겠지만, 현실은 다르다. 고객은 자신들의 문제를 분명하게 설명할 수 없으면서도, 이미 특정한 솔루션을 염두에 두고 있다. 그런 고객이 상당히 많다.

머릿속에 담고 있는 솔루션을 잊어버리라고 그들을 설득할 수 있는가? 그 과정에서 그들은 얼마나 열린 사고방식을 보여주는가? 이 질문들에 대한 답은 그들이 좋은 고객인지 아닌지를 판단하는 기준이 된다. 고객 측에서도 당신이 자신들을 설득하는 능력이 얼마나 뛰어난지 지켜본다. 당신이 얼마나 능력 있는 디자이너인지를 판단할 수 있는 기준이 되니 말이다.

대화는 아마도 이렇게 진행될 것이다.

"우리 홈페이지에는 큰 버튼 두 개만 있으면 됩니다. '바지 구매'와 '소식지 구독' 버튼 말입니다."
"버튼을 만드는 목적은 뭔가요?"
"그야, 사람들이 우리 바지를 사게 하는 거죠."
"바지의 품질은 좋은가요?"
"최상급이죠."
"그렇다면 고객께서 제품에 자부심을 가지고 계신 만큼 방문자들도 바지를 좋아하게 만드는 것부터 시작해보면 어떨까요?"
"흠. 계속해 보시죠."

이러면 좋은 고객일 확률이 높다.

나쁜 고객과의 대화는 아마도 다음과 같이 진행될 것이다.

"우리 홈페이지에는 큰 버튼 두 개만 있으면 됩니다. '바지 구매' 그리고 '소식지 구독' 버튼 말이죠."
"버튼을 만드는 목적은 뭔가요?"
"쓸데없는 소리는 집어치우고 어서 버튼이나 만들어줘요!"

나쁜 고객이다. 그쯤에서 대화를 끝내라. 그리고 뒤돌아 나오면서 청바지를 입은 당신의 뒤태가 얼마나 잘 빠졌는지 그들한테 보여줘라.

## 고객은 당신의 능력을 이해하는가

"걱정하지 마시오. 뭐가 필요한지는 우리가 잘 알고 있으니까."

자신들에게 필요한 사항을 담은 완벽한 다이어그램을 손에 넣을 때까지는 아무런 연락도 없다가, 어느 날 불쑥 전화해서 당신이 그 다이어그램에 색칠만 해주길 바라는 고객이 있다. 조심해라. 전략과 문제 해결 능력을 보고 당신을 찾아오는 게 아니라면, 그들은 디자인이 아니라 문서 제작을 부탁하러 오는 것이다. 문서 제작을 맡게 된다면 당신은 자신을 디자이너라고 부를 자격이 없어진다. (맞다. 디자이너 세계에도 노조가 있다. 그리고 우리는 악랄하다. 그러니 조합원이 되려면 제대로 된 자격을 갖춰라.)

세부적인 작업 목록이 아니라 명확한 목표를 세워놓은 고객을 찾아라. 특히 사업제안요청서의 경우 목표가 실종되고 세부 작업 목록만 남는 사례가 많다. 심지어 품목마다 직접 답변을 요구하는 사업제안요청서도 있다. 거기에 곧이곧대로 답하다가는 탈락할 게 뻔한데 말이다. 첫 단추부터 잘못 끼워진 걸 알면서 그 작업을 하고 싶지는 않을 게다. 일단 배를 타고나면 하늘로 데려가 달라고 요구할 수 없는 법. 하늘을 날고 싶다면 비행기를 타야 한다.

당신이 고객이라면, 솔루션을 찾는 데 실질적으로 도움되는 디자이너를 고용해야 한다. 이미 만들어놓은 솔루션을 적용하기 위해 디자이너를 고용할 필요는 없지 않은가? 데이터베이스 분석가의 집에 완벽하게 구현된 데이터베이스 도식을 들고 찾아가진 않을 것이다. 그렇다면 디자이너의 집에 참치 통조림 그림을 들고 찾아가지 마라.

### 허세 부리며 간 보는 고객을 조심하라

바에서 당신 친구들에게 "난 언제나 모델 하고만 사귄다고!" 하고 떠벌이는 얼간이를 알고 있는가? 그래, 바로 그 녀석 말이다. 그 얼간이의 고객 버전은 이렇다. "아시는지 모르겠지만, 유명한 디자인 회사 몇 군데도 이 일을 맡고 싶어 안달이네요."(잘됐네, 얼른 가서 그 유명하다는 회사에 전화를 돌리지 그래?) 당신과 일해주는 것처럼 선심 쓰고 허세 부리는 고객하고는 같이 일하지 마라. 그게 돈을 깎으려는 협상 전략일지라도 말이다. 좋은 작업은 상호 존중에서부터 시작된다.

### 주저하는 고객을 멀리 하라

디자인의 가치를 이해하지도 못하면서 마지못해 회의 장소에 끌려 나오는 고객도 있다. 그들하고도 절대 같이 일하지 마라. 잘 될 턱이 없다. 당신이 하는 일의 가치를 이해하지 못하는 사람이라면 합당한 비용을 제안하는 것도, 일을 제대로 성사시키기 위해 노력을 기울이는 것도 주저할 수밖에 없다.

이런 고객은 창업투자사가 등을 떠미는 통에 마지못해 우리를 찾아온 경우로 창업회사에서 자주 발견되는 유형이다. 그들은 회사를 시작한 지 얼마 되지 않은 상태이고, 디자인 회사랑 같이 일하고 싶어하지 않는다. 자신들이 내는 돈만큼 제값을 하지 못한다고 생각하거나 외부 인력을 끌어들이는 게 그들의 업무를 지연시킬 것으로 생각하기 때문이다. 상사가 시켜서 어쩔 수 없이 방문한 내부 디자이너들도 그런 식으로 행동한다. 자기가 그 일을 맡았어야 한다고 생각하는 경우도 있고, 우리 때문에 일자리를 잃을까 겁을 먹기도 한다. 상황이 어찌 되었건, 주저하는 고객은 디자이너가 필요하지 않다는 자기 생각을 입증하는 일에 몰두한다. 또 프로젝트에서 발을 빼는 데만 집중한다. 아빠가 억지로 보낸 바이올린 수업을 받으면서 하기 싫어 몸을 배배 꼬는 꼬맹이처럼 말이다.

때때로 디자인 프로세스가 엉켜서 일이 틀어지는 경우도 생길 것이다. 그럴 때는 싫은 소리도 해야 한다. 예컨대 "비즈니스 모델이 사용자에게 먹히지 않는다." 같은 말도 해야 한다. 당신의 의견을 존중하지 않는 사람들과는 애초부터 그런 논의가 불가능하지 않겠는가.

## 이 프로젝트가 그들 비즈니스의 핵심인가

바지를 파는 회사라면 3~4개월 후에도 여전히 바지를 팔고 있을 것이다. 회사가 망하지 않았다면 말이다. 하지만 바지를 파는 사람이 토스터를 팔겠다는 아이디어를 들고 온다면 조심해야 한다. 왜 새로운 비즈니스에 뛰어드는가? 현재 하는 비즈니스의 자연스러운 확장인가? 지금 하고 있는 비즈니스의 전문성이 새로운 아이템에도 적용되나? 아니면 단순히 틈새시장을 차지하려는 기회주의적인 시도인가? 시장의 틈새는 프로젝트가 끝나기 전에 메워져 버릴 수도 있다. 그러면 그 고객은 또 다른 기회를 찾아갈 것이다. 일을 처음부터 다시 해주고 싶은가? 그건 아닐 것이다. 왜냐하면 그들은 새로운 일을 공짜로 해달라고 할 테니까 말이다.

그럼 지금부터 가장 중요한 얘기를 시작해보자.

### 돈을 받고 일하라

당신은 비즈니스를 하고 있다. 디자인에 자부심을 느끼는 만큼 당신이 받을 돈에 대해서도 자신 있게 얘기해야 한다. 고객이 돈에 대해 말하는 방식 또한 그들이 어떤 종류의 고객인지 알려주는 암시다. 그들은 이미 돈을 확보한 상태인가? 예산을 타기 위해서 디자인 계획서를 만들어야 하나? 그들이 중요하게 생각하는 것은 무엇인가? 돈을 얼마까지 지불할 의사가 있는가? '이런 데까지 돈을 쓸 필요는 없다'고 그들이 생각하는 항목은 무엇인가? 그들은 필요한 만큼 예산을 따낼 수 있나? 예산에 이미 한도가 정해져 있지 않나? 과거에 제값 못하는 디자이너와 일을 한 경험이 있나? 예산을 얼마나 쓰고 싶은지 당신에게 말하지 않는가? 그렇다면 그 이유는 무엇인가?

돈 대신에, 주식같이 쉽게 현금으로 바꿀 수 없는 것을 주겠다고 말하는 고객도 있다. 이런 고객을 조심해라. 주식이 폭락하거나 스톡옵션을 주기로 한 회사가 망한다면 어떻게 할 텐가? 세상에는 당신이 어찌해볼 수 없는 일이 너무도 많다. 함께 만드는 작업이 당신의 포트폴리오를 빛내줄 거라고 사탕발림하면서 디자인 비용을 후려치는 고객도 있다. 이런 고객 역시 조심해야 한다. 그 이유는 첫째, 당신의 포트폴리오가 별로 나아지지 않을 것이기 때문이다. 시장 가격보다 적은 금액으로 일해달라는 고객은 당신에게 이미 실례를 범하고 있다. 그런 태도가 프로젝트 내내 어떻게 작용할 것 같은가? 과연 그런 상황에서 포트폴리오에 덧붙일 만큼 근사한 결과물을 만들어낼 수 있을까? 둘째, 당신은 돈을 벌기 위하여 디자인 작업을 하기 때문이다. 내가 행운아인 이유는 내가 좋아하는 일을 한다는 사실뿐만 아니라, 그 일로 생계를 유지할 수 있기 때문이다. 제값을 받지 않고 포트폴리오 꾸미는 데나 도움이 될 법한 일에 매달리는 건, "젊은 나이에 요절해서 잘 생긴 시체를 남기는 것과 다를 바 없다."*

절대 공짜로 일하지 마라. 그런 일은 돈 받고 하는 것보다 우선순위에서 밀리기 마련이다. 당신에게나 고객에게나 이로운 상황이 아니다. 서로의 시간을 존중하지 않는 것이다. 돈을 적게 받고도 일할 만한 가치가 있는 상황이라면, 할인된 가격에 일을 해라. 하지만 견적서를 보낼 때는 당신이 받는 가격을 먼저 적고 그 밑에 할인 가격을 적어라. 당신이 해주는 일의 가치를 고객이 정확하게 알도록 해야 한다.

돈은 모든 비즈니스에서 기준이다. 당신을 고용하는 일의 금전적인 가치를 이해하지 못하는 고객을 조심해라. 지금까지 우리가 수행한 작업을 보면, 작업이 완료된 후 고객들의 기대치를 달성하거나 넘어선 경우가 95퍼센트에 달한다. 전적으로 우리 덕분일까? 물론 '그렇다!'고 말하고 싶은 마음이 굴뚝같다. 하하! 솔직히 우리가 몽땅 다 했다고 말할 수는 없다. 하지만 적어도 일정 부분 기여했다는 건 확실하다. 좋은 디자인은 대차대조표상의 손실이 아니고, 그렇게 거래되어서도 안 된다. 디자인은 기반시설에 대한 투자이고 비즈니스를 매끄럽게 움직이는 원동력이다. 좋은 디자인은

---

* 영화배우 존 데릭John Derek의 대사였는데, 오히려 제임스 딘으로 기억하는 사람이 많다. 제임스 딘은 '반항아'의 아이콘이었고 이른 나이에 교통사고로 사망했다. 이 문장은 디자이너로 제값을 받지 못하고 일한다면 오랫동안 생계를 유지할 수 없어서 좋은 포트폴리오만 남긴 채 일찍 끝낼 수 있다는 의미로 쓰였다.

더욱 효율적인 제품이나 서비스와 같다. 그러므로 디자인은 곧, 이윤인 셈이다!

### 고객을 교육/계발시켜라

고객이 형편없다고 비웃기는 쉽다. 하지만 태어날 때부터 훌륭한 디자이너는 없다. 마찬가지로 태어날 때부터 훌륭한 고객도 없다. 좋은 디자이너로 인정받기 위해서 얼마나 노력했는지 돌아보라! 대체로 고객들은 좋은 파트너로 인식되고 싶어한다. 그리고 자기 비즈니스의 기준에 따라 제대로 일하려고 노력한다.

십중팔구 고객은 회사 로고를 크게 키워달라고 할 게 분명하다. 미리 처방해놓은 솔루션을 쓰라고 지시할 때도 있을 것이다. 또 당신이 열 받아서 머리를 벽에 쾅쾅 찧을 만큼 멍청한 일도 요구할 것이다. 이럴 때 당신은 어떻게 하는가. 뒤돌아서서 그들이 얼마나 디자인에 무지한지 비웃는가? 그 대신 팔을 걷어붙이고 그들을 도와준다면 어떻게 될까? 당신은 그들에게 필요한 것이 무엇인지 명확하게 알려줄 수 있다. 그 지점에서부터 디자인 작업을 시작하면 된다.

디자인 용어를 모른다고 해서 나쁜 고객은 아니다. 대체 어떤 환자가 의사들끼리 대화하는 수준으로 전문 의학 용어를 구사할 수 있겠는가. 그렇다고 해서 그 사람이 나쁜 환자일까? 그렇지는 않다. 좋은 의사라면 병실 침대 옆에 서서 정중한 태도와 신중한 말로 환자를 편안하게 만든다. 좋은 의사처럼 좋은 디자이너도 고객에게서 필요한 정보를 알아내는 생산적인 기술을 연마할 필요가 있다.

디자이너로서, 그리고 커뮤니케이션 전문가로서 당신이 해야 할 일은 고객과 대화하는 데 가장 적절한 말을 찾아내는 것이다. 고객이 당신의 얘기를 못 알아듣는다고 하소연하는 건 "내가 하고 싶은 말을 고객에게 어떻게 전달해야 할지 도저히 모르겠습니다. 나는 게으른 디자이너입니다. 어서 내 고객들을 뺏어가 주세요."라고 말하는 것과 같다.

### 디자이너로서 도덕적 책임을 져라

당신은 전체 사회를 위해 디자이너로서 맡은 책임이 있다. 좀 더 자세히 말하자면, 당신은 반드시 '디자인할 가치가 있는 작업만 맡는다'는 점을 확실하게 밝힐 책임이 있다는 뜻이다. 그래, 나는 지금 직업윤리에 대해 말하려는 것이다. 당신은 당신이 만들어서 세상에 내보내는 모든 것에 대해 책임져야 한다.

몇 년 전 나는 디자이너 면접을 본 적이 있다. 하지만 결국 그를 고용하지 않았다. 실력이 없어서였냐고? 아니, 그는 실력이 뛰어났다. 혹시 면접을 못 봐서? 그렇지도 않다. 그를 떨어뜨린 이유는 포트폴리오를 보다가 어떤 회사의 이름을 발견했기 때문이다. 여기서 그 회사 이름을 밝히진 않겠다. 그냥 그 회사에서 만든 제품이 사람을 죽인다고만 해두자.

"왜 그 일을 맡았나요?" 내가 물었다.

용납할 수 있는 대답은 두 가지였다. "저는 그 회사의 비즈니스 모델을 문제 삼고 싶지 않습니다. 사실 저는 세상에 사람이 너무 많다고 생각하니까요." 이 대답이 이상하게 들리나? 물론 그럴 것이다. 하지만 적어도 자기 주관이 뚜렷한 사람이라는 점은 확인할 수 있다. 내가 기대한 두 번째 대답은 "그 회사가 악명 높다는 것은 알고 있습니다. 하지만 저는 정말 돈이 필요했고, 그 외에는 선택의 여지가 없었습니다."였다. 먹고 살기 위해 돈을 벌어야 한다는데, 거기에 대고 뭐라고 할 수는 없는 노릇이다. 지금껏 우리 또한 떳떳하지 않은 일 한두 가지쯤은 해오지 않았던가.

그런데 그는 내 질문에 놀란 것처럼 보였다. 그리고 기대한 대답을 내놓는 대신, 그냥 '내게 그 일이 왔으니 했을 뿐이다'라는 식으로 말했다. 나는 다시 한 번 그에게 그 회사가 돈을 버는 방식에 동의하냐고 물었다. 그는 아니라고, 그냥 디자인만 했을 뿐이라고 답했다. 나는 그에게 '우리 회사는 지금까지 도덕적으로 동의하지 않는 프로젝트는 맡지 않았다'고 설명했다. 그러자 그가 대꾸했던 말을 여기에 그대로 옮겨 쓰자면, "그럴 수 있어서 참 좋으시겠네요."였다. 그 말을 듣는 순간 나는 그를 고용하지 않기로 결정했다.

내가 그 사람 뒷담화를 하려는 것은 아니다. 그는 디자이너로서 훌륭한 경력을 쌓을 것이다. 나도 그 친구 나이였다면 똑같이 행동했을지도 모른다. 하지만 디자이너라면, 아니 어떤 종류의 기술을 가진 사람이든 간에 자신이 세상에 내놓는 것에 대한 책임을 져야 한다. 디자이너는 함께 일하는 고객에 의해 정의된다. 그리고 디자인 작업이 사회적으로 얼마나 큰 기여를 했는가에 따라 평가 받는다. 그 기여도에 비례해서, 딱 그 만큼만 당신의 일을 자랑스럽게 내세울 수 있는 자격이 생긴다.

그러니 고객과 일하기로 결정하기 전에 먼저 자문해보자. 고객이 해결해달라고 요청한 문제 옆에 당신의 이름이 들어가도 괜찮을까? 그들은 진짜로 세상에 필요한 일에 기여하는가? 돈을 많이 받는 건 문제될 게 없다. 내가 이 책을 쓴 목표 중 하나는 합당한 돈을 제대로 챙기라고 권장하는 것이다. 하지만 다른 사람에게 해를 끼치면서 돈을 번다는 건, 그 사람이 입힌 피해에 공조하는 셈이 된다. 당신이 디자인한 제품이 다른 사람에게 피해를 준다면, 그 사람을 해코지한 것과 같다.

다시 한 번 강력하게 권한다. 세상을 조금이라도 좋게 만드는 프로젝트를 찾아라. 우리는 한 때 달에 인류의 첫 발을 내딛기 위한 디자인을 했었다. 그런데 이제는 침대에서 나오지 않고 꾸물대기 위해 디자인을 하고 있다. 하지만 당신에게는 이런 상황을 바꿀 힘이 있다.

### 일을 매끄럽게 처리하라

고객 서비스란 결국 좋은 관계가 계속 이어진다는 뜻이다. 그러니 새로운 고객과 협력하기 전에 성공에 필요한 요소가 준비되었는지 확인해야 한다. 일단 프로젝트를 시작하면 당신은 좋든 싫든 이 사람들과 함께 꽤 많은 시간을 보내게 될 것이다. 당신과 고객, 양쪽 모두의 평판도 이 프로젝트에 달려 있다. 당신의 도움이 필요한 고객, 당신과는 맞지 않지만 다른 디자이너와 함께 작업하기에는 좋은 고객, 그리고 아주 이상한 고객을 가려낼 수 있는 능력을 키워라.

지금까지 말한 법칙들을 따라 하면 당신도 좋은 고객을 고를 수 있을까? 아마도 그럴 것이다. 법칙이 완전무결하냐고? 말도 안 되는 소리, 절대 그렇진 않다. 하지만 이 법칙들은 내가 오랜 시간에 걸쳐 시도해보고, 실수를 저지르고, 작업을 망치고, 일이 없어 빈둥거리고, 다시 한 번 더 용기를 내서 노력하는 과정에서 얻어낸 것들이다. 나는 현실을 직시하거나 일을 처리할 때 한 가지 방법만 고집하는 사람이 아니다. 이 법칙들이 내게는 통했지만, 당신에게도 반드시 그러리라는 보장은 없다. 무엇보다도 고객을 고르는 데 있어서 해줄 수 있는 최선의 충고는 자신감을 가지라는 거다. 당신이 존중받고 싶은 만큼 남을 존중해야 한다. 그리고 당신의 직감을 믿어라. 아 참, 그리고 셔츠는 항상 말끔하게 다려 입어라.

이제 누구와 함께 일할지 결정했으니, 얼마를 받아야 할지 알아보자.

**CHAPTER 4**

# 협상은 하되
# 가격경쟁에
# 뛰어들지는 마라
:

### 디자인 가격 정하기
CHARGING FOR YOUR WORK

사실 이 부분은 책에서 가장 짧은 장이어야 한다. 그리고 이 장에서 가장 하고 싶은 말은 다음 세 마디다.

"할 수 있는 한 많이 청구해라.
정직한 가치를 제공해라.
그리고 절대 공짜로 일하지 마라."

안타깝지만 디자이너들은 대부분 적절한 금액을 요구하면서도 죄책감을 느낀다. 심지어는 몇 푼이라도 받으면 다행이라고 생각하기도 한다. 그래서 시간과 노력을 좀 더 들여서 돈 얘기에 대해 확실하게 짚고 넘어가려 한다.

### 돈 얘기를 하는 것에 편해져라

당신은 돈이라는 것에 대한 쓸데없는 불편함을 극복해야 한다. 돈에 대해 생각하는 것만으로 쭈뼛거리는 친구들이 많은데, 그렇다면 돈에 대해 어색해하지 않는 사람에게 한 수 배울 일이다. 예를 들면 집주인, 전기·수도 회사·보험사 직원들, 식료품 가게 주인, 맞춤 양복 재단사, 그리고 당신의 주치의….

디자인에 뛰어든 순간, 돈을 주고받는 거래가 이미 시작됐다고 생각하라. 물론 그 거래에서 당신은 돈을 받는 쪽이 될 가능성이 크다. 당신은 디자인을 하는 것이 아니라 디자인이라는 가치 있는 서비스를 팔고 있다. 서비스에 대한 합당한 금액을 청구하기가 싫다면, 마이클 공예품 가게의 3번 통로로 가서 발사 나무*와 손뜨개용 실 사이 꽂혀 있는 《취미로서의 디자인》*이라는 책을 찾아 읽으면 된다.

당신이 디자이너로 먹고 살려면 돈에 대해 편하게 생각해야 한다. 이것 또한 능력이다. 고객이 가격을 물었을 때 "음~" 하고 머뭇거리지 마라. 그럴 필요 없다. "이 작업이 얼마짜리라고 생각하느냐?"고 되물어서도 안 된다. 모든 디자인 작업에 해당하는 얘기지만, 다시 한 번 말하겠다. 자신감은 자신감을 낳는다. 돈에 대해서는 더더욱 그렇다. 디자인비를 받을 자격이 없다고 생각하거나 가격을 어떻게 매겨야 할지 모르는 것처럼

★ 《취미로서의 디자인》, 즉 《Design is a hobby》는 실제로 출간된 책의 제목이 아니라 이 책의 원제인 《Design is a job》에서 한 단어를 바꾼 것이다. 돈을 받고 일을 해주는 job과 돈과 무관하게 재미삼아 하는 hobby를 비교하면서, 디자이너가 받는 돈의 의미를 명확하게 부각시키려는 것이 저자의 의도이다.

* 모형 만드는데 쓰이는 가벼운 열대 아메리카산 나무

행동하는 사람에게 돈을 주고 싶어하는 고객은 아무도 없다. 무엇보다도 고객에게 "저는 돈 얘기하는 게 익숙하지 않습니다." 따위의 말은 절대 하지 마라.

친구 애닐 대쉬Anil Dash가 했던 이야기가 생각난다. 언젠가 한 디자이너가 견적서를 주면서 애닐의 뺨을 후려쳤단다. 당연히 애닐은 왜 때리냐고 항의했다. 하지만 속으로는 '내가 견적 금액을 너무 낮게 잡아서 디자이너가 화났나 보다'고 생각했다는 거다. 애닐이 고객 입장에서 했던 말이라 오랫동안 기억에 남아 있다. 재미있는 얘기 아닌가?

그럼 디자인 비용을 얼마나 불러야 할까? 당신이 부를 수 있는 최대치를 청구해라. 고객의 얼굴을 똑바로 보면서 자신만만하게 당신의 작업이 왜 그만큼의 값어치가 있는지를 설명할 수 있다면, 그 가격으로 청구해야 한다. 디자이너들은 자신이 얼마를 제시해야 할지 잘 알고 있다. 문제는 그 액수를 입 밖에 내는 것 자체를 두려워한다는 데 있다!

높은 가격에서 시작하면 단계적으로 낮추면서 협상할 수 있지만, 낮은 가격에서 시작하면 위로 올리기가 불가능하다. 그 가격대에서 벗어날 수 없기 때문이다. 당신이 일한 대가로 가능한 한 많은 돈을 받아내려는 것은 당연하다. 수요와 공급의 법칙을 생각해보자. 특정 서비스에 대한 수요가 높아지면 공급자가 청구할 수 있는 금액도 높아진다. 물론 디자인 시장의 주기적인 변화에 따라 당신이 부르는 액수도 달라질 것이다. 하지만 당신의 작업에 대한 가치를 스스로 확신할 수 없다면, 속 편하게 공정한 가격을 부르는 게 불가능하다.

## 가격 책정에 대한 접근법

몇 년 전 킥스타트 Kickstart 라는 회사와 함께 일하는 행운이 있었다. 킥스타트는 동아프리카의 가난한 농업지역에서 사용하는 양수기를 디자인하고 생산하는 NGO Non-Governmental Organization 다. 값싸고 단순하고 고치기 쉽게 만든 이 양수기 덕분에 얼마나 많은 농민이 작물에 물을 댈 수 있게 되었는지, 어떻게 세상에서 가장 지독한 가난에서 벗어날 수 있게 되었는지 알게 된다면 아마 깜짝 놀랄 것이다. 킥스타트는 일자리를 창출했다. 그들은 다른 구호단체처럼 양수기를 공짜로 나눠주지 않고 판매했다. 지금 킥스타트 얘기를 꺼낸 이유는 바로 여기에 있다.

킥스타트의 창립자들은 몇 년 동안 가난한 사람들에게 장비와 도구를 지원하는 구호단체와 일해 왔다. 하지만 현장에 나가보고는 그들이 기부한 도구가 부품이 없어져 방치되거나 아예 사용되지 못한 채 한구석에 쳐박혀 녹슬어간다는 사실을 알게 되었다. 사람들은 공짜로 얻은 물건을 소중하게 생각하지 않았던 것이다. 심지어 장비가 필요하지 않지만 공짜니까 얻어간 경우도 있었다. 그래서 킥스타트는 양수기를 팔기로 했다. 그들은 이 양수기에 '왕대박 기계 Super MoneyMaker'라는 이름을 붙여서 선전했다. 결과는 좋았다. '왕대박 기계'를 사고 싶어서, 세상에서 가장 가난한 사람들이 돈을 모으기 시작했던 것이다. 공짜로 얻을 수 있는 게 아니었기 때문에, 실제로 사용할 계획이 있는 사람만 양수기를 샀다. 어떤 물건이든 자기 돈을 내고 사면 공짜로 얻을 때보다 훨씬 더 소중하게 여긴다. 당연한 이치다. 신경 써서 관리도 한다. 가장 눈에 띄는 변화는 사람들이 다른 물건을 뜯어 부품을 구해와서 '왕대박 기계'를 고치곤 했다는 거다.

당신의 작업을 제값보다 싸게 매기면 공짜로 주는 양수기 같은 신세가 된다. 고객에게 일의 가치가 그것밖에 안 된다고 말하는 셈이다. 고객은 자신이 내는 돈만큼 당신을 가치 있게 생각한다. 한 번이라도 자원봉사를 해봤다면, 관계자들이 거리낌 없이 당신에게 더 많은 시간을 요구한다는 사실을 눈치챘을 것이다. 당신조차도 당신의 작업과 시간을 소중하게 여기지 않는데 누가 그것을 가치 있게 생각하겠는가? 아, 참! 사람들이 공짜로 해주는 일을 얼마나 가치 있게 생각하는지 한번 맞춰볼 텐가? 이쯤 얘기했으면 당신도 이해했으리라 믿는다. 고객 입장에서 보자면 당신의 디자인은 바로 '왕대박 기계'다.

## 무엇에 대해 청구할 것인가

일주일에 한 번쯤은 이런 전화나 이메일을 받는다.

"웹사이트 하나 만드는 데 얼마인가요?"

이런 질문을 받으면 눈살을 찌푸리기 쉽다. 하지만 먼저 두 가지 사실을 기억해야 한다. 첫째, 당신은 고객 서비스 직종에 종사한다는 점. 둘째, 고객이라면 누구나 할 수 있는 정당한 질문이라는 점이다. 고객의 관점에서 보면 디자인 가격의 산출 근거가 불투명하다고 생각할 수 있기 때문이다.

디자인은 뭘 뜻하는가? 그 대답은 사람마다 다르다. 똑같은 제품을 놓고 다섯 명의 디자이너에게 얼마를 받겠냐고 물어보면 다섯 가지 다른 대답이 나온다. 그러니 잠재적 고객 입장에서는 디자인 회사를 고용하는 것 자체가 주눅 드는 일이다. 얼마나 돈이 들지 계산해보기 전에 겁부터 먹는다. 디자인 회사 몇 군데에 전화를 돌려서 들쑥날쑥한 가격대를 받아보고 나면, '이 놈들이 날 속이려고 드는구나!' 하고 생각하게 된다. 실제로 맞는 말이기도 하다.

고객이 어떤 작업을 시키든, 그들이 내는 비용은 0원부터 무한대까지다. 천차만별이다. 디자인을 자주 의뢰하는 사람이 아니라면, 가격 책정에 포함되는 선택사항이 무엇인지 모른다. 그걸 알려주는 게 당신의 역할이다. 익숙한 물건에 비교해서 알려주는 것도 좋은 방법이다. 따지고 보면 "웹사이트 하나 만드는 데 얼마예요?"라고 묻는 것은 "자동차 한 대에 얼마예요?"라는 질문과 다를 게 없다. 차를 사본 경험이 있다는 사실만 빼고는 말이다. 우리는 모두 대학생이 학교 다닐 때 모는 차종과 쌍둥이 아기를 돌보는 부모에게 필요한 차종이 다를 것임을 알고 있다. 아마도 쌍둥이 부모가 고르는 차가 더 비쌀 것이다. 같은 모델의 차를 고를 때라도 상태와 옵션에 따라 가격이 달라지기 마련이다. 생각해보자. 이 모든 과정이 어떤 종류의 웹사이트를 원하는지, 누구에게 그 일을 시킬지 결정하는 것과 다를 바 없지 않은가. 고객이 아직 그 사실을 모른다는 것만 빼면 말이다. (은유법은 참으로 요긴하다.)

이제 막 당신이 프리랜서로 일을 시작했거나 디자인 회사를 차렸다면, 다른 디자이너들은 얼마를 청구할지 다 알고 있다고 생각하기 쉽다. ("하지만 우린 얼마를 불러야 할지 확실히 다 알고 있다고!"라고 말한다면, 새빨간 거짓말이다!) 얼마를 청구할지 알려주는 비밀공식 따위는 없다. 반복되는 시행착오와 경험을 통해 알아갈 뿐이다. 제값보다 싸게 부르기도 하고 비싸게 부르기도 할 것이다. 하지만 여러 번 반복하다 보면 언젠가는 패턴이 보이기 시작한다. 작년에 했던 일과 이번에 들어온 일이 비슷하다는 것을 알 수 있다. 그만큼 경험이 쌓인다는 뜻이다. 작년에 제값보다 싸게 받았다면 이번에는 가격을 제대로 받으면 된다. 시간이 지날수록 당신의 산수 능력과 직감에 대한 자신감이 생길 것이다.

디자인 회사 사장들이 나누는 대화를 엿들을 기회가 있다면 귀를 쫑긋 세워라. 상대 회사의 가격 정책을 알아내려고 머리 굴리는 모습을 구경하는 게 얼마나 재미있는지 모른다! 애완견 공원에서 늙고 뚱뚱한 불독 두 마리가 서로 엉덩이 냄새를 맡으려고 빙빙 도는 것을 보는 것만큼 흥미진진하다. 물론 그들은 불독보다도 성공할 가능성이 훨씬 낮고, 침도 더 많이 튀길 것이다.

디자인 작업의 시세는 사과처럼 마트 어딘가에 가격표가 붙어 있는 게 아니다. 또 서로 경쟁하는 식료품 가게들과 달리, 상대방 가게에 가서 사과 가격을 훔쳐보고 당신의 청구액을 알맞게 조정할 수도 없다. 하지만 조금만 눈치 있고 싹싹하다면 다른 사람들이 부르는 대략적인 금액, 그러니까 시간당 요금 정도는 알아낼 수 있다. 누구와 경쟁할지 결정해라. 그러면 적어도 대략적인 액수를 맞춰놓고 시작할 수 있다. 그렇게 준비하더라도 언제나 더 싼 가격을 부르는 사람이 나타나기 마련이다. 가격을 협상하되, 가격경쟁에 뛰어들지는 마라. 품질과 가치, 그리고 적합성으로 승부해라.

## 시간을 기준으로 삼지 말고 가치로 청구하라

얼마를 벌어야 하는지 기준으로 청구 금액을 계산할 수 있다고 주장하는 이들이 있다. 심지어 공식까지 있단다. 진행비용과 월세,

재료비, 전기, 수도요금 등 지출을 모두 더하고, 수익을 얼마나 원하는지에 따라서 가격을 정하는 방식이다. 하지만 이런 종류의 공식에는 심각한 결함이 있다. 일에 대한 적정가가 아니라 그때그때 나갈 돈을 때우는 수준으로 계산하는 것이기 때문이다. 물론 당신도 비즈니스를 유지하기 위한 최소 비용 정도는 알고 있어야 한다. 하지만 디자인 작업의 경우 일을 마치기까지 얼마의 시간이 걸리는가에 따라 가격을 청구해서는 안 된다. 그 일이 고객에게 얼마만큼 가치를 지니고 있는가에 따라 청구해야 한다.

당신이 같은 회사에서 발주하는 두 종류의 로고 디자인 작업에 입찰하려 한다고 가정해보자. 하나는 사내 프로젝트 팀의 로고이고, 다른 하나는 회사의 주 수익원이 될 것으로 기대되는 신규 서비스의 로고다. 작업에 걸리는 시간은 똑같다고 가정하자. (내가 조건을 지나칠 정도로 단순하게 만들었다는 것을 안다. 진도를 나가야 하니 일단 넘어가자.) 두 프로젝트에 같은 금액을 제시한다고? 절대! 아니 될 말씀이다. 첫 번째 로고가 팀의 동료애를 드높이는 용도로 쓰이는 거라면, 두 번째 로고는 회사에 엄청난 돈을 벌어다줄 프로젝트의 일부이기 때문이다. 회사 차원에서는 후자가 훨씬 더 가치 있는 작업이다.

당신의 시간을 돈으로 환산한다면 얼마나 될까? 그걸 아는 사람은 오직 당신밖에 없다. 하지만 특정 고객을 위해 당신이 하는 작업의 가치가 얼마인지 묻는다면, 대답이 달라진다. 당신의 작업이 얼마짜리인지는 고객이 얼마나 많은 것을 얻어낼 수 있는가에 달려 있기 때문이다. 고객은 당신의 시간을 사는 게 아니다. 작업을 사는 거다. 그러니 당신은 그 작업이 지닌 가치만큼의 금액을 고객에게 청구해야 한다.

## 사전조사를 철저히 하라

지금 해야 할 사전조사는 계약서에 서명하고 난 후에 진행하게 될 것과는 다르다. 계약 후의 사전조사는 돈을 받았으니 당연히 해야 할 일이고, 지금 하는 것은 입찰을 똑소리 나게 준비하기 위해 하는 조사다. 함께 일할 회사에 대해 가능한 한 많은 것을 알아내라. 제품을 제시간에 출시한 전력이 얼마나 되나? 프로젝트 도중에 다른 기업에 인수되거나 문을 닫을 가능성은 없는가? 지금 실질적인 결정권자와 협상 중인가? 그게 아니라면 실질적 결정권자를 만날 수는 있나? 너무나 당연하지만, 종종 잊어버리는 질문도 한 가지 추가하자. 그들은 당신에게 지급할 돈을 충분히 확보했나?

회사의 각 부서를 조사하고 프로젝트 참여 여부도 함께 알아봐라. 예를 들어 그 부서가 콘텐츠 전략이나 백엔드 증축같이 중요한 부분을 책임지고 있다면, 담당 책임자와 대화를 나눠라. 그들과 똑같은 프로젝트 언어를 사용하고 있는지, 그래서 서로 말이 잘 통하는지 반드시 확인해라. (이 점은 앞으로 진행할 프로젝트에서 지원군을 만드는 데 큰 도움이 될 수 있다.) 시장 상황에 대한 조사도 빠뜨리지 말아야 한다. 짝이 맞지 않는 양말을 온라인에서 팔지 못한 데에는 다 타당한 이유가 있다.

이런 사전조사를 통해 얻은 지식은 당신이 확고한 가격을 제시하는 데 큰 도움이 될 것이다. 그뿐만 아니라 당신을 더욱 유능한 영업사원으로 업그레이드시켜줄 것이다. 그리고 마지막으로 당신이 자신 있게 거래를 성사시킬 수 있도록 도와줄 것이다. (그게 아니라면 그 프로젝트에서 일찌감치 손을 떼는 게 낫다고 알려줄 것이다!)

### 고객이 진짜로 원하는 것이 무엇인지 빨리 파악하라

고객 대부분은 요구사항 목록을 가지고 당신에게 접근할 것이다. 만약 그들이 목록을 갖고 있지 않다면, 그걸 만들 수 있도록 당신이 도와줘야 한다. 각각의 항목마다 비용과 이익을 정해라. 그리고 프로젝트에 필수 항목과 부가적인 선택 항목을 구분해라. 그들의 전반적인 목표에 들어맞는 항목이 무엇인지도 확인해야 한다. 이 과정을 거치면서 당신은 작업의 적절한 범위를 파악할 수 있을 것이다. 또 예산을 조정해야 하는 상황이 닥치면 우선순위 목록을 만들기도 쉬워진다. 이런 식으로 프로젝트를 샅샅이 살피고 나면, 작업 도중에 예상하지 못한 돌발상황을 미연에 방지할 수 있다.

### 제공하는 서비스를 명확하게 정의하라

서비스를 항목별로 기재하여 요금을 청구할지 말지 고객에게 정확하게 알려줘라. 각각의 서비스가 서로 어떻게 연결되는지도 설명해야 한다. 예를 들면 사전조사 항목은 건너뛸 수 없다. 디자인 작업은 사전조사 결과에 따라 진행되기 때문이다. 프로젝트에 들어가는 각기 다른 부분에 대해 당신이 충분히 연구했다는 점을 고객에게 보여줘라. 그리고 각각의 부분마다 비용이 발생한다는 것도 알려라. 이런 종류의 명세서 작성은 어떤 사업에서든 당연한 일이다.

디자인 분야도 별반 다르지 않다. 자동차 정비공이 수리비 청구서를 건네면 처음에는 가격만 보고 움찔할지도 모른다. 하지만 항목별로 잘 정리된 명세서 목록을 받아서 하나하나 짚어보면 놀란 마음이 진정될 것이다. 금액이 어떻게 산출되었는지, 자동차를 수리하고 청구서를 준비하는 데 얼마나 많은 성의와 노력이 들어갔는지 한눈에 보이기 시작한다는 얘기다. 또한 부품마다 가격이 기재되어 있기 때문에, 정비공이 바가지 씌웠다고 헐뜯고 싶은 생각은 들지 않을 것이다. 자동차 정비공이 명세표 목록을 작성하는 것처럼, 당신이 쏟아 부을 시간과 전문성을 항목별로 정리해서 디자인 가격을 산출해야 한다. 그게 바로 당신이 할 일이다.

개인적인 경험에 비추어볼 때 사이트 오픈에 필요한 단계를 모두 도표로 그리기를 조언한다. 그 도표에 한 칸을 추가해서 우리가 책임질 일과 고객이 책임질 일을 정리하라. 그렇게 하면, 혹시 고객이 놓친 필수적인 작업은 없는지 쉽게 확인할 수 있다. 지금 나는 콘텐츠 이전 작업content migration에 대해서 말하는 거다.

"하지만 일을 처리하는 데 한 시간밖에 걸리지 않는데요!"

축하한다! 상당히 수익성 높은 일이군. 효율적인 방법으로 일을 일찍 끝냈다고 해서 자책하지 마라. 문제를 풀기 위해 며칠 밤낮 머리를 쥐어뜯으며 노력하는 디자이너도 봤고, 한 방에 끝내버리는 디자이너도 봤다. 재미있는 사실은 그 둘이 같은 사람이라는 거다. 하루는 꽉 막혀서 진도가 나가지 않지만 다음 날은 단숨에 풀리기도 하는 게 디자인 작업이다. 당신이 끙끙 앓으며 작업하든 원활하게 끝내버리든, 고객이 내는 돈은 당신이 들인 시간에 대한 비용이 아니다. 해결방안에 대한 비용이다.

프로젝트를 마감하는 데 걸린 시간이 예상보다 적다 해도, 정직하게 산출했다면 문제 될 게 뭐가 있겠나? 예전에 했던 비슷한 작업에 근거했으면 더더군다나 그렇다. 멋지게 해낸 것일 뿐이다. (이 문제에 대해 솔직하게 얘기해주겠다. 왜냐하면 내가 당신을 몹시 아끼고, 당신이 고객한테 이 사실을 이르지 않을 거라고 믿으니까 말이다. 난 이런 종류의 대화를 피하고 싶어서 일을 다 해놓고도 마감 며칠 전까지 기다리다가 제출하곤 했다. 그래, 난 나쁜 사람이다. 하지만 당신도 나처럼 이런 방법을 쓰라고 충고하는 건 절대 아니다.)

이 얘기의 속뜻은 이렇다. 당신이 특정 기술의 사용법을 익히는 데 걸리는 시간을 비용으로 청구할 수 없다는 것이다. 만약 고객이 당신이 잘 모르는 개발환경을 기반으로 뭔가를 만들어달라고 하면 어떻게 해야 할까? 그 기술을 배울 자신이 있다면, 일단 해보는 거다. 하지만 그 기술을 익히는 데 필요한 시간은 당신이 책임져야 할 부분이다. 작업 능력이 갖추어졌다고 생각되면, 그때부터 미터기를 켜라.

### 큰일이든 작은 일이든 똑같이 주의하라

작은 일을 더 조심해라. 악마가 만들어낸 가장 큰 속임수는 '작은 일이 별로 문제 될 게 없다'는 것이다. 세상은 자주 그렇게 속아왔다. 대학생이었을 때 나는 방학 동안 밤마다 UPS 택배 트럭에 짐 싣는 일을 했다. 그때 프랭크라는 사람 밑에서 교육받았다. 프랭크가 해준 첫 번째 충고는 "작은 상자를 더 조심해, 꼬맹아."였다.

"왜요?"

"곧 알게 될 거야."

첫 번째 작은 상자를 집어 올리는 순간이었다. 상자 무게에 못

이겨 손을 바닥에 찧고 말았다. 프랭크는 낄낄거리며 웃기 시작했다. 내가 손을 꿰매야 한다는 사실을 알고 나서는 더 심하게 웃어 젖혔다. 그땐 몹시 속상했지만 결국 프랭크와는 그럭저럭 좋은 사이가 되었다. (알고 보니 상자 안에는 금속나사가 가득 들어 있었다.)

 이 이야기의 교훈을 잊지 마라. 큰일이든 작은 일이든 똑같은 종류의 문제가 생긴다. 하지만 큰일과는 달리, 작은 일에는 그 문제에 적절하게 대응하는 데 필요한 예산과 시간이 충분히 주어지지 않는다. 작은 일을 맡았으니 예산과 시간이 적게 들 것이라 생각하고 스케줄을 쥐어짜 보겠지만, 당신 뜻대로 되지는 않을 것이다. 기억해라. 당신한테는 작은 일일지 몰라도, 고객한테는 큰일일 수 있다. 당신 입장에서는 큰 프로젝트를 진행하는 사이에 잠시 짬을 내서 작업할 수 있다고 생각할지 모르지만, 고객은 당신이 가장 큰 프로젝트를 처리할 때처럼 꼼꼼하게 신경 써주기를 바란다. 그리고 그들에겐 그럴 권리가 있다.

## 제값을 받아내는 법

**고객이 비싼 가격에 놀라지 않도록 대략적인 금액을 빨리 알려줘라**

 나는 필라델피아라는 멋진 도시에서 자란 행운아였다. 그러나 베테랑스 스타디움에서 야구 경기를 봐야만 하는 불운아이기도 했다. 베테랑스 스타디움은 1970년대에 세워진 다목적 복합시설물 중 하나다. 미국 몇몇 도시의 풍경을 망쳐놓은 아주 끔찍한 대형 건축물 말이다. 어렸을 때 나는 돈이 별로 없었다. 그래서 친구들과 경기장 꼭대기에 있는 700번대 좌석에 앉아서 야구를 보곤

했다. (투수가 공을 던지는 사이에 우리는 발밑으로 날아가는 비행기에 건전지를 던지면서 놀곤 했다. 그만큼 좌석 위치가 높았다는 얘기다.)

이 얘기를 꺼낸 이유는 '야구장 700번대 좌석에서 본 숫자'*라는 말이 무슨 의미인지 알기 쉽게 설명하고 싶어서다. 고객의 전화를 받으면 우리는 그들에게 곧바로 '야구장 700번대 좌석에서 본 숫자'라고 부르는 금액을 말해주려고 노력한다. 전화 통화만으로는 실제 세부 사항까지 알 수 없지만, 대략 1억~1억 2천만 원 규모의 프로젝트인 것처럼 들린다고 말해준다는 뜻이다. 우리가 그 프로젝트에 대해 좀 더 자세히 파악하게 되면, 더 정확한 금액을 산정해서 고객에게 알린다. 그래서 고객이 제안서를 받아볼 때쯤이면 이미 디자인 가격에 대한 마음의 준비를 하게 된다. 만약 잠재 고객이 예상 밖의 비싼 가격에 충격을 받은 것 같으면, 가능한 한 빨리 일을 접어라. 불필요한 노력과 시간을 들여서 제안서를 쓰기 전에 말이다.

**제안서 내용 중에서 어떤 것도 고객을 놀라게 해선 안 된다**

어떤 사람들은 마치 카지노에서 카드 게임을 하듯 제안서를 대한다. 테이블 위에 올려놓은 종이 속 숫자를 슬쩍 보고는 받을지 말지 그 자리에서 바로 결정하는 게임 말이다. 디자인 프로젝트가 완성될 때까지 고객의 의견과 피드백이 필요한 것처럼, 제안서도 마찬가지 과정을 거친다. 고객과 함께 거의 완성에 가까운 제안 단계부터 시작하여 신속하게 반복해서 검토 작업을 해라. 이와 함께

---

* 베테랑스 야구장의 700번대 좌석에 앉으면 경기장이 너무 멀어서 선수들의 소소한 동작이나 표정 등 세부 사항은 보기 어렵지만 경기의 큰 흐름은 볼 수 있다. 이처럼 세부사항을 파악하지 못한 상태에서 프로젝트의 개요만 듣고 산출하는 대략적인 가격을 말한다.

그들 팀을 함정에 빠뜨릴 수 있는 요소에 대한 통찰력을 제공하고, 잠재적인 장애물이 무엇인지 지적해주어야 한다.

이 단계에서부터 열린 마음으로 고객과 솔직한 대화를 시작하는 게 프로젝트를 진행하는 내내 당신에게 유리하게 작용할 것이다. 제안서에 직접 표현되지 않은 가정까지 모두 공개하고 고객과 당신이 얻을 이윤에 대해 의견을 교환해야 한다. 당신이 무엇을 얻게 될지에 대해 고객이 이런저런 가정을 하다 보면, 바가지를 썼다는 기분이 들지도 모르기 때문이다. 설령 고객이 당신과 디자인 가격에 동의한다고 하더라도, 그 금액에 무엇이 포함되는지 다르게 생각할 수도 있다. 극단적으로 서로 다를 수도 있다.

참고로 무슨 작업이 포함되고 그렇지 않았는지 요약해놓는 것도 좋다. 프로젝트에서 해야 할 모든 일을 목록에 적어놓고 당신과 고객, 또는 제3의 참여자(아직 지정되지 않았다 해도) 중에 누가 이 일에 책임지는지도 정리하는 게 좋다. 예상되는 모든 일을 목록으로 만들어 검토하고, 각각의 항목에 대해 누가 책임지는 게 좋을지 고객에게 물어본다. 그렇게 책임자 리스트를 작성하면 된다. 당신이 책임진 일은 모두 가격 견적서에 반영해라. 그리고 그 외의 항목은 모두 작업 범위 제외 항목으로 기재해라.

다음 리스트는 아무 말 없이 지나쳤다가 느닷없이 당신 몫으로 떨어질 수도 있는 작업 목록들이다. 가격에 반영하지도 못한 채 이 끔찍한 작업을 해야만 하는 상황은 반드시 피해야 한다.

- 카피라이팅 Copywriting
- 백엔드 개발 Backend development

- 현지화 작업 Localization
- 비디오 제작과 모션 그래픽 Video production and motion graphics
- 맞춤형 일러스트레이션 Custom illustration
- 콘텐츠 이전 Content migration
- 부가적 인쇄물 Print collateral
- 콘텐츠 관리 시스템 맞춤화 CMS customization
- 검색 엔진 최적화 SEO
- 유지보수관리 Maintenance

제안서가 최종적으로 마무리될 때쯤이면 인간적인 매력과 일에 대한 열정으로 고객을 사로잡아야 한다. 강력한 협력자로 탈바꿈시켜야 하는 거다. 내부 인사의 지지를 등에 업은 상황에서 제안서를 발표한다면 일이 얼마나 술술 잘 풀리겠나.

**제안서를 보내지만 말고 직접 발표하라**

제안서를 만드는 것만 해도 힘들고 시간이 오래 걸린다. 때문에 그 과정을 마무리하면 이미 승리한 것 같은 기분이 들 것이다. 물론 그것도 일종의 승리이긴 하다. 하지만 당신이 얻어낸 것은 아직 아무것도 없다. 제안서를 준비했다는 것은 이제 판매할 준비가 됐다는 뜻일 뿐이다. 짧지만 예의 바른 이메일을 보내놓고 나서 당신은 뭘 할 생각인가? 소파에 쓰러져 밀린 잠을 자거나 술집으로 직행하겠는가? 생각만 해도 신나는 일일 테지만, 일을 놓치는 지름길이기도 하다. 제안서를 보낸 후 그대로 내버려두지 마라. 다시 말하지만 제안서는 영업 프레젠테이션을 위한 도구일 뿐이다.

가능하다면 고객 회사의 결정권자 앞에서 프레젠테이션을 해야 한다. 제안서를 준비하면서 얻어낸 정보를 마음껏 사용할 수 있을 것이다. 발표하는 동안 방 안의 분위기를 읽어라. 그 사람들의 반응에 따라 세부사항을 자세히, 또는 간단히 짚고 넘어가라. 제안서에 담긴 핵심적인 이익을 언급하는 것을 절대 잊지 말라. 당신은 디자인의 특성을 파는 게 아니라, 그것을 만들어내고 그에 따른 이익을 파는 것이다. 제안서를 수용하라고 설득하는 게 아니다. 당신을 고용하라고 설득하는 거다. 제안서는 그 결정을 도와주는 하나의 자료일 뿐이다. 그 자료가 얼마나 크게 작용하는지는 바로 당신의 프레젠테이션 실력에 따라 결정된다.

이제 세 가지 일이 일어날 수 있다. 일을 따내지 못하거나, 즉시 일을 시작하게 되거나, 아니면 가격 협상을 하자는 요청을 받거나. 이건 마치 동화 속의 곰 세 마리 가족*같다. 세 가지 경우 중 어느 것이 가장 좋을까? 즉시 일을 시작하는 것? 아니다.

"왜 입찰 가격이 다른 사람보다 높은 겁니까?"

고객이 이런 질문을 하면 어떨 것 같은가? 나는 기분이 좋아진다. 당신도 그 질문을 사랑하게 될 것이다. 첫째, 입찰가를 높게, 하지만 너무 높지는 않게 책정한 당신의 배짱을 칭찬한다! 둘째, 높은 입찰가에 고객이 놀라 도망가지 않았다는 점을 축하한다. 게다

---

* 동화 《금발소녀와 곰 세 마리 가족 이야기 Goldilocks and the Three Bears》. 곰 가족이 산책 나간 사이에 집에 들어온 소녀 골디락이 세 그릇의 스프와 세 개의 의자, 세 개의 침대 중 어떤 것이 좋을지 선택하는 내용이 반복해서 나온다.

가 당신을 더욱 잘 홍보할 멋진 기회를 얻은 것도 축하한다. 고객은 지금, 거래를 확정 짓자고 당신에게 말하는 것이다.

조금 전 당신은 자신감 넘치는 태도로 입찰가를 정확하게 제시했다. 이제는 당신이야말로 이 일에 가장 적합한 사람이라고 자신 있게 말해야 한다. 가격을 어떻게 산정했는지 자세히 설명하여 일을 완수하는 데 필요한 사항을 간파하고 있다고 과시할 수 있어야 한다는 말이다. 어쨌거나 당신이 제대로 파악해야 일을 완수할 수 있지 않겠나. 그리고 이 자리를 당신을 더 많이 홍보할 기회로 삼아야 한다. 다른 입찰자에 대해 좋지 않은 소리는 하지 마라. 남을 깎아내리는 자리가 되어선 안 된다. 당신에게 도움이 되지 않는다. 오히려 그 반대. 다른 입찰자들이 형편없다고 고객을 설득해서 일을 따내는 것은 바람직하지 않다. 당신이 적임자이기 때문에 일을 따내는 게 이상적인 상황이다.

**협상할 여지를 두라**

가격을 협상하자는 요청은 뭔가 잘못되었다는 신호가 아니다. 오히려 잘 진행되고 있다는 뜻이다. 고객이 가격에 즉시 동의한다면, 금액을 너무 적게 청구했다는 얘기다. 이 사실을 깨닫게 되는 순간만큼 낭패스러운 때도 없다. 고객이 견적서를 보는 순간 반짝이는 눈과 체서 고양이\*처럼 활짝 웃는 입, 당신이 실수를 깨닫기 전에 얼른 계약서에 사인하려고 바쁘게 움직이는 손이라니!

---

\* 영국의 수학자이자 소설가인 루이스 캐럴의 소설 《이상한 나라의 앨리스》에 등장하는 웃는 고양이

견적 금액은 협상의 여지를 약간 두는 것이 좋다. 고객이 협상할 수 없다고 느낄 정도로 높게 부르면 안 되겠지만, 그렇다고 받을 수 있었던 돈을 지레 포기해서도 안 된다. 시간과 전문적 역량이 그만큼 가치가 있고 당신이 이 일에 적임자라는 점, 그래서 협상 참여자 모두 조금씩 양보해야 일이 순조롭게 진행된다는 점을 고객이 느끼게 해야 한다. 일단 고객이 당신과 함께 일하기로 했다면, 그때부터는 이 일의 성패에 그들의 이해관계가 걸리게 된다. 일이 잘되게 하는 것이 그들에게도 최대의 이익이 된다는 뜻이다.

고객이 가격을 낮추기 원한다면, 제안서를 다시 검토해서 제외할 항목이 있는지 찾아내라. 제안서에 있는 항목을 빼지 않는 한, 절대 가격을 낮추지 마라. 그리고 항목을 제외할 때는 그것 때문에 고객이 놓치게 될 이익에 대해서도 자세히 설명해라. 이익이 크지 않으면 그 항목을 제외하는 게 더 나을 수도 있다. 금액은 임의로 결정된 게 아니다. 앞에서 설명한 것처럼 모든 항목에는 이미 정해진 가격이 있다. 고객이 돈을 적게 내고 싶다면, 그만큼 덜 받아갈 각오가 되어 있어야 하는 것이다.

제외할 항목의 예를 들어볼까? 고객이 사용자들에게 제공할 웹사이트의 일부 기능을 빼버리는 것도 방법이다. 당신이 일하는 데 필수적인 요소를 잘라낼 수는 없다. "사전조사 작업 항목을 빼도 되나요?"라는 고객의 질문에 대한 당신의 대답은 항상 "아니오." 여야 한다. 이것만 기억해라. 고객이 당신과 함께 일하고 싶지 않았다면 협상도 하지 않았을 거다. 그러니 자신 있게 협상에 임해라. 이 말은 '일을 따내지 못해도 괜찮다'는 태도를 의미한다. 자신감은 당신이 옳다는 것을 아는 데서 나오는 게 아니다. 실패해도 좋다고 생각하는 데서 나온다.

### 고객은 왜 가격을 후려칠 수 있다고 생각하는가

가격을 후려치는 행위란 '예산은 충분하지만 당신에게 제값보다 싸게 받으라고 요구하는 행동'을 말한다. 고객이 당신의 작업을 가치 있게 생각하지만, 예산이 부족해서 이러지도 저러지도 못하는 경우와는 완전히 다른 얘기다. 고객의 일이란 결국 최소한의 비용으로 당신에게 최대한의 작업을 얻어내는 것이다. 그리고 그들은 아주 편하게 가격을 후려친다. 왜냐하면 아마도 당신이 미안해하는 말투나 질문하는 듯 끝을 올리는 어조로 가격 제안서를 발표했기 때문일 것이다. 우리 모두는 질문하듯 말끝을 올리는 어조가 뭔지 안다. 그렇지 않나? 지금 내가 당신에게 한 것처럼, 당신도 고객에게 프레젠테이션한 내용에 대해 마치 승인을 기다리는 것처럼 말꼬리를 올렸을 것이다. 다음에 지인들과 저녁 식사를 하게 되면, 그들이 웨이터에게 어떻게 주문하는지 유심히 관찰해봐라.

"자, 다음 분은 어떤 음식으로 주문하시겠습니까?"
"파스타를 할까요?"

이 말에 나는 한 번쯤 웨이터가 이렇게 대답하는 걸 들어보고 싶다.

"아니요. 틀렸습니다. 저는 손님께서 생선요리를 드실 거라고 이미 결정했거든요."

이 대화처럼 웨이터에게 물어보듯 주문하는 이들이 있다. 자신이 하는 일에 대해 분명한 결정을 내리지 못하는 사람들이다. 또 무슨 일이든 전적으로 확신하지 못하는 사람들이기도 하다. 이들은 쉽게 마음을 바꾼다. 그러니 당신이 고객과 협상하는 중에 "전체 금액이 5천만 원 되겠네요?"라고 말한다면, 그들의 귀에는 "4천만 원까지 깎아드릴 수 있습니다."로 들릴 것이다. 그들이 자기 일, 다시 말해서 최고의 가치를 최저 가격에 얻어내는 것에 능하다면 말이다.

이밖에 디자인이 자신들에게는 아무런 가치도 없다고 생각하기 때문에 가격을 후려치는 고객도 있다. 물론 이런 고객들은 상담 초기에 잡초를 제거하듯 이미 걸러냈어야 한다. 그러나 한두 명 정도 운 좋게 살아남아서 지금 이 시점에서 불쑥 튀어나올 경우, 당신이 자신감 없이 견적서를 전달하는 것은 그들의 못된 견해를 강화시켜 주는 셈이 된다.

고객이 가격을 후려치는 것을 어떻게 하면 방지할 수 있을까? 물론 자신 있게, 확신을 가지고 프레젠테이션을 하는 것이 기본이다. 그리고 당신이 제시한 금액의 산출 근거를 빈틈없이 훌륭한 리서치로 뒷받침해야 한다. 하지만 가격 후려치기를 예방하는 것보다 더 중요한 게 있다. 고객이 가격을 깎으려 들 때 그 문제를 어떻게 다루느냐 하는 것이다. 당신의 입장을 고수해라. 당신은 이미 가격을 제시했다. 이제 가격을 낮추려고 노력하는 것은 고객의 일이다. 그들도 시도는 해봐야겠지, 안 그렇겠나?

"아니요."라고 말하는 데 익숙해져라. 지금 당장 거울 앞으로 가라. 뒤로 빼지 말고 거울을 똑바로 보면서 연습해보자.

"아니요. 이게 제가 제시하는 가격입니다. 저랑 함께 일하려면 그만큼 주셔야 합니다."

당신은 아마도 그 일을 놓치게 될지도 모른다. 하지만 앞으로 하게 될 다른 일에 대해서는 기분이 훨씬 편해질 것이다. '융통성 없고 싸가지 없는 녀석'이란 평을 얻게 될지도 모르지만 내 개인적인 경험에 비추어보면, 그렇다고 세상이 끝나는 것도 아니다.

자, 돈 얘기는 힘들다. 나도 경제적으로 다 큰 어른이라는 생각을 편하게 받아들이는 데까지 몇 년의 시간이 걸렸다. 그리고 당신들 대부분은 돈 때문에 디자인에 뛰어들지는 않았을 거라고 생각한다. 아마도 디자인을 사랑하니까 여기까지 왔을 것이다. 하지만 계속 디자인을 하려면 일단 살아남아야 하고, 그러기 위해서는 돈 문제를 깔끔하게 정리해야만 한다. 너무 늦어지기 전에 더 많이 신경 쓸수록, 돈 때문에 짜증내고 걱정하는 시간이 줄어들게 된다. 돈 때문에 걱정하고 있다면, 그럴 시간에 차라리 정면으로 맞닥뜨려 돈 문제를 제대로 다뤄라. 회피한다고 문제가 해결되지 않는다.

원하는 금액을 받아내는 비법이 세 가지 있다. 당신의 청구 금액이 적절한지 알아내기 위해 진행하는 사전조사, 그 액수를 요구할 수 있는 자신감, 그리고 그것을 받아낼 수 없을 때 기꺼이 물러설 수 있는 용기다. 아, 이런. 생각해보니 방금 당신에게 인생의 비밀을 발설하고 말았다. 다음 책을 위해 아껴둘 생각이었는데!

**CHAPTER 5**

# 계약서가 없으면 신뢰도 없다
:

### 계약서 작성하는 법
WORKING WITH CONTRACTS

사춘기 때 한 번쯤은 아버지나 어머니가, 또는 둘이 함께 (맙소사!) 당신을 앉혀놓고 섹스에 대해 훈계를 한 적이 있을 것이다. '안전해야 한다', '서로 존중해야 한다', 피임 어쩌고 하는 그런 얘기 말이다. 듣는 사람보다도 설명하는 부모님이 더 허둥댄다는 걸 느꼈는가? 얼마 전 나도 십 대를 맞은 아이에게 그 얘기를 들려줘야만 했다. (아들이 아직도 순진무구한 꼬맹이인지 아닌지 헷갈리던 내 마음은 녀석이 "그 얘기라면 인터넷에 나와 있어서 다 알아요."라고 말했을 때 말끔하게 사라졌다.)

디자이너에게 계약서에 대해 말하는 것은 청소년들에게 섹스 얘기를 하는 것과 비슷하다.

"우리도 조심하고 있어요. 서로 사랑하고 신뢰하니까요. 그들의 일 처리 속도는 빨라요. 백엔드 개발 같은 건 없을 거라고 약속했다고요."

부모님께 말대답하는 십 대처럼 당신도 이렇게 말하고 싶을 게다. 하지만 계약서는 예방접종 같은 것이다. 당신이 골탕 먹는 상황을 막아주진 못하겠지만, 앞으로 당신이 지게 될 법적 책임이 더 늘어나지 않도록 보호해줄 수는 있다.

내가 섹스 이야기로 계약서에 대한 흥미를 어떻게 불러일으켰는지 봤겠지? (이번 장을 마무리할 때도 걸쭉한 농담 하나 들려줄 작정이다.) 그건 그렇고 앞 장에서 나는 고객이 당신과 함께 일하도록 설득하는 법을 설명했다. 자, 일은 모두 잘 진행되었다. 당신이 얼마나 좋은 파트너가 될지 그들에게 충분히 이해시켰고, 곧바로 일을 시작할 준비가 되어 있으며, 모두가 만족스러워하고 있다. 그렇다면 이쯤에서 당신은 무엇을 하고 있어야 할까? 그렇다. 디자인 작업 아닌가? 근데 지금 뭐가 잘못된 거지?

잘못된 것은 아무것도 없다. 다만 계약 당사자들의 책임을 깨알같이 문서에 명시하고 양측이 모두 서명하여 그 약속을 지키려고 온갖 노력을 기울이고 있는 참이다.

### 계약서는 왜 써야 하는가

계약서는 프로젝트에 참여하는 모든 당사자의 관계를 정리하고 참가자들에게 중요사항을 남김없이 명확하게 인식시킨다.

- 함께 일하는 데 필요한 기본 원칙은 무엇인가?
- 돈을 얼마나, 그리고 언제 주고받을 것인가?
- 약속한 제품은 무엇이고 언제까지 제출하는가?

- 일이 지연되면 어떻게 할 것인가?
- 누가 어떤 권리를 갖는가? 고객은 어떤 권리를, 그리고 언제 획득하는가? 당신은 어떤 권리를 갖는가?

그리고 중요한 대목이 나온다. 계약서는 상황이 나빠지면 어떻게 할지에 대해 명시한다. 상대방을 엿 먹일 의도로 계약을 맺는 사람은 없다. 하지만 골칫거리는 항상 생기게 마련이다. 시장이 붕괴되거나, 고객이 자금 마련에 실패하거나, 조직의 책임자가 바뀔 수도 있다. 가령 이런 경우다. 상대방이 어떤 일을 책임지고 맡아서 할 거라고 생각해버리는 때가 있다. 실제로는 그렇지 않은데 말이다. 상표 조사나 콘텐츠 이전이 대표적인 경우다. 그리고 마감시한 문제도 있다. 양쪽 다 마감시한을 어길 수 있다. 사이트가 늦게 오픈되는 바람에 명절 대목을 놓치게 생겼다는 불평을 듣는다고, 당신이 법적인 책임까지 떠안아야겠는가.

귀찮겠지만 이 모든 것을 계약서에 명시하면 괴로운 상황을 방지할 수 있다. 돈이 많이 깨지고 고통스러운 경우를 피할 수 있는 것이다. 책임소재가 모호한 상황에서 꼼짝달싹 못하게 될 때 법적인 분쟁이 일어나는 법이다. 그리고 그럴 경우 돈도 받지 못한 채 엄청난 좌절감을 맛보게 될 것이다. 게다가 당신에게 가장 중요한 자산인 평판이 흔들린다. 결국 디자인에 전념할 시간을 허비하게 되는 것이다. 다시 한 번 강조하지만, 계약서는 참여 당사자들 간에 신뢰를 쌓기 시작하는 데 필수적인 요소이다. 계약서가 없으면 신뢰의 기반도 없다. 명심하라.

## 변호사를 고용하라

오래 전 회사를 차린 직후에 있었던 일이다. 어떤 고객의 의뢰로 웹사이트를 만들게 되었다. 물론 계약서도 준비해놓았다. 인터넷에 돌아다니는 자료를 참고하고, 자기네 계약서를 우리에게 보여줄 만큼 친절했던 디자인 회사들의 도움을 받았다. 대충 짜깁기한 계약서이긴 했지만, 프로젝트는 순조롭게 진행되었다. 이상 징후가 발견되기 전까지는 말이다.

고객은 무슨 이유에서인지 우리 디자인 솔루션이 불만족스럽다는 결론을 내렸다. 웹 디자인을 하다 보면 간혹 이런 일이 생길 때도 있다. 대부분은 문제를 극복하고 일을 계속 진행하지만, 이 고객은 전에 그 사이트를 디자인할 때 부가적인 인쇄물★을 담당했던 디자이너를 데려와 우리 작업에 참여시키겠다고 했다. 사이트 확장 프로젝트였는데, 우리가 그 디자이너의 작업을 받아서 사이트를 완성해주기를 원한 것이다. (한마디만 하자. 어떤 고객이 이미 다른 디자이너에게 의뢰한 프로젝트를 맡아달라고 찾아온다면 거절해라. 이것은 직업상의 예의에 어긋난다. 좀 더 자세한 내용은 10장에서 자세히 다루겠다.)

계약서에는 고객이 우리를 고용한 이상, 다른 디자이너를 데려올 수 없다고 명시되어 있었다. 그래서 그를 따로 불러서 계약서의 해당 조항에 대한 얘기를 했다. (계약서와 관련된 대화는 가능한 한 서로 얼굴을 보고 조용하게 진행하는 게 좋다. 절대로 전체 팀원들 앞에서 하지 마라. 체면을 지킬 기회를 줘야 한다.)

불행하게도 고객은 우리와 다른 시각에서 계

★ 여기서 말하는 부가적인 인쇄물이란 어떤 사이트를 런칭하면서 함께 뿌리는 브로슈어나 카달로그 등 부가적으로 활용하는 인쇄물을 의미하는 것으로 보인다.

약서를 해석했다. 그는 프로젝트 완료를 거부한다며 고소하겠다고 협박했다. 사업을 시작한 지 얼마 되지 않은데다가 여유자금도 별로 없었던 터라 덜컥 겁을 집어먹었다. 그때까지 어떤 고객도 소송을 걸겠다고 협박한 적은 없었다! 고객과 몇 차례 더 대화를 시도했지만, 상황은 더 악화되는 것처럼 보였다. 변호사가 필요한 상황이라고 직감했다. 다행히도 이전 고객의 법률고문을 맡고 있던 친절한 변호사의 이름이 생각났다. 그는 자기 법률회사 파트너의 아들을 추천했다. 추천받은 사람은 지역 로펌의 젊고 똑똑한 변호사인 게이브 레빈이었다.

게이브는 우리의 이야기를 듣고 계약서를 훑어보면서 미소를 지었다. 그리고는 지금까지 들어본 말 중에서 가장 마법 같은 말을 던졌다.

"제가 다 물러가게 해드리죠."

그리고는 침착하지만 단호한 전화 한 통으로 정말 그렇게 만들었다. 안타깝게도 우리는 그 고객을 내쳐야 했다. (정말 안타까웠다. 고객을 자르는 게 나로서도 그다지 자랑스러운 일은 아니다. 지금까지 우리는 그런 일을 딱 두 번 겪었다.) 하지만 우리는 피해를 거의 입지 않은 상태로 빠져나올 수 있었고 제대로 된 교훈을 얻었다.

가장 중요한 사실은, 소중한 멤버를 우리 팀에 추가했다는 점이다. 게이브 레빈은 지금까지 우리에게 법률자문을 해주고 있다. 그는 모든 표준 계약서를 강화시켰다. 새로운 계약서를 검토하고, 고객관계에 대해 조언하며, 심지어 내가 계약서에 대해 강연할 때 같이 무대 위에 올라가기도 한다. 내 변호사에 대해 왜 이렇게 열변을 토하냐고? 그는 계약서가 확실한지 확인하고 자신 있게 협상에 임할 수 있도록 도와준다. 그가 조언자라는 사실만으로도 나의 일에 자신감이 붙는다. 덕분에 내가 지닌 가치만큼 요구할 수 있게 되었고, 협상을 잘못해서 내 권리를 뺏길 일도 없어졌다. 하지만 무엇보다 돈을 벌어준다. 그를 사랑하지 않을 수 없다.

변호사를 고용하라고 하면 대체로 돌아오는 말이 있다.

"변호사를 사는 건 너무 비싸요."

돈을 받아내는 데 어려움을 겪는데도 그런다. 그래, 물론 변호사를 고용하려면 돈이 든다. 하지만 고객이 당신을 고용하는 것이나 매한가지 아닌가! 우리의 계약서가 견고할수록 고객과의 관계도 안정되고 튼튼해진다. 변호사가 하는 일은 소송을 제기하는 것만이 아니다. 그런 상황이 발생하지 않도록 확인하는 것도 그의 일이다. 무엇보다 변호사는 내가 잘 알지 못하는 분야에 대한 숙련된 지식을 갖고 있다. 그런 일을 직접 하지 않고 다른 사람에게 시키는 게 무슨 뜻인지 알겠는가? 내가 잘하는 일, 다시 말해 디자인에 시간을 투자할 수 있다는 것이다. 그래서 나는 매달 기쁜 마음으로 두 장의 수표를 끊는다. 첫 번째 수표는 게이브에게, 나머지 하나는 나의 심리 상담사에게.

변호사를 고용하라고 충고하면 두 번째로 많이 듣는 말이 "내가 벌써 변호사를 써야 할 정도의 위치에 왔나요?"이다. 사실 그 위치는 아마추어에서 프로로 전향한 순간부터 이미 올라선 셈이다. 가는 곳마다 변호사를 데리고 간다거나 매일 변호사와 얘기를 나눌 필요는 없다. 다만 당신이 계약직이거나 프리랜서라면 가장 자주, 그리고 많이 발생하는 요구사항을 포함하는 표준계약서를 변호사와 함께 작성해라. 꼼꼼하고 탄탄하게 만들 수 있다. 그리고 고객이 계약서에 대한 질문을 하면 변호사와 통화하면 된다. 간단하다.

## 고객에게 당신의 변호사를 소개하는 법

변호사는 보이지 않는 조언자이다. 당신의 모든 계약서를 검토하지만 고객 앞에 나서는 경우는 드물다. 그렇다고 변호사를 비밀스럽게 감춰야 한다는 얘기는 아니다. 오히려 변호사가 내용을 검토할 거라는 사실을 고객이 알고 있어야 한다. 상대도 변호사에게 계약서 검토를 의뢰할 가능성이 높다. 때로는 앞에서 든 예처럼 당신도 변호사를 고용하고 있다는 사실을 고객에게 알리는 것만으로 고객을, 음 뭐랄까, 편하게 만든다고 해두자.

계약의 사소한 분쟁에 대해 당신의 변호사와 고객의 변호사가 직접 해결하는 것은 아무런 문제가 없다. 그렇게 하면 대체로 시간도 절약된다. 누가 아는가. 그 두 사람이 같은 로스쿨을 다녔을 수도 있다. 하지만 절대로, 단 한 번이라도 당신의 변호사가 동석하지 않은 상태에서 고객의 변호사와 직접 얘기하지는 마라. 변호사가 아닌 다른 사람은 누구라도 상대 변호사와 이야기를 나누어서는 안 된다. 큰 프로젝트를 협상할 때는 당사자들과 변호사들이 모두 함께 참여하는 전화 회의를 열기도 한다. 변경사항을 주고받는 데 몇 날 며칠을 허비하기도 하지만, 한 시간 만에 모든 것을 마무리할 수 있기 때문이다.

고객과 전화 회의를 하던 도중에, 그들의 변호사들이 함께 있다는 사실을 알게 된 적이 몇 번 있었다. 사전에 우리에게 알리지도 않고서 말이다. 당시 우리는 침착하게 다음과 같이 말했다.

"불행히도 이번 회의는 다음으로 미뤄야겠군요. 우리 변호사도 참석할 수 있는 시간에 맞춰 다시 일정을 잡아야겠습니다."

이런 대화는 대체로 다음 두 가지 경우 중 하나로 진행될 것이다.

- 고객이 당신에게도 변호사가 있다는 사실에 기분 나빠한다. 이건 중요하고 확실한 경고 표시다. 당신과 고객은 비즈니스 관계를 맺고 있다. 그리고 훌륭한 사업가들은 멍청한 일을 저지르지 않도록 변호사와 가까이 지낸다.
- 이 상황 모두를 문제없다고 받아들이고 당신의 변호사도 참석할 수 있도록 일정을 다시 잡는다.

변호사를 고용하는 이유는 명백하다. 당신이 위험에 빠지는 일 없이 고객과 함께 일할 수 있다는 점을 보장받기 위해서이다. 변호사는 '방어용 자산'이고 아주 불가피한 상황이 아니라면 무기로 쓰여서는 안 된다. 변호사가 매사 싸움으로 번지게 만든다면 이야기를 깊이 나누어보거나 아니면 새로운 변호사를 찾아야 할 것이다.

### 고객에게 계약서가 왜 필요한지 설득해야 하는 이유

큰 조직과 일할 때면 계약서의 내용에 대해 언쟁하느라 많은 시간을 소모할 수도 있다. 의외로 그런 상황이 자주 발생한다. 심지어 계약서를 자신들이 작성한 것으로 대체하려고 할 때도 있을 것이다. 어떤 경우이든, 당신은 당신의 훌륭한 변호사와 상의하고 싶어질 게다. 하지만 작은 기업이나 개인과 일할 때는 상황이 달라진다. '계약서'라는 말을 듣는 순간 상대방은 멈칫 주저할 수 있다. 이때 디자인을 판매하는 것이 당신의 일인 것처럼, 비즈니스 관계를 적절하게 정의할 필요가 있다고 그들을 이해시키는 것도 당신이 해야 할 일이다.

고객이 대놓고 계약서에 서명하기를 거부한다면 이건 경고신호다. 그렇다고 바로 포기하지는 마라. 계약서 작성이 단지 불편해서 그런 거라면 그들과 조금 더 얘기를 나누라. 계약서의 필요성에 대해 이해시키면 된다. 당신은 쌍방에게 계약서가 왜 중요한지, 그들이 받아들이도록 설득하는 법을 배워야 한다. 설득에 실패하면 일을 포기할 각오도 되어 있어야 한다. 규모가 조금 더 큰 회사라면 자기네 계약서에 서명하라고 당신을 압박할 수도 있다. 당신의 계약서에 서명하기를 거부하고 말이다. 어떤 상황이든, 계약서에 서명하기 전에 반드시 변호사에게 검토해 달라고 해야 한다.

### 계약서는 쌍방을 보호한다

당신이 맺는 모든 관계는 암묵적인 약속을 담고 있다. 예를 들어 친구가 전화해서 여자 친구한테 차였다고 말한다면, 술집으로 가서 그를 당장 위로해주는 것이 자연스럽다. 아이가 아프다면 치킨 수프를 끓여주는 것이 바람직하다. 우리는 뒤따라 들어오는 사람을 위해 문을 잡고 기다려주기도 한다. 그게 인지상정이다. 고속도로 진입로에선 차례차례 진입한다. 이 모두가 사회를 기분 좋은 속도로 움직이게 만드는 암묵적 계약인 셈이다.

하지만 이런 암묵적 계약이 잘못되면 어떻게 될까? 갈등이 쌓이고 마침내 논쟁이 붙을 것이다. 왜냐하면 한쪽은 상대방이 특정한 방식으로 행동해야 한다고 믿기 때문이다. (내가 변호사를 시켜서 나와 내 아이 사이의 계약서를 작성하게 한 것도 바로 이 때문이다.) 쌍방이 관계를 맺을 때 서로 기대하는 것에 대한 명확한 이해, 예컨대 일이 잘못되었을 때 어떻게 해야 하는지에 대한 명시적 동의가 있다면 잘못될 가능성에 대한 긴장은 완화될 것이다. 사람들은 최선의 의도와 수많은 가정을 마음속에 담고 비즈니스 협의에 들어간다. 계약서는 업무조건을 명백하게 기록하여 가정을 명시적으로 만드는 역할을 한다.

비즈니스 논의 과정에서 경고표시나 걱정거리가 생기면, 계약서에서 그 부분을 짚고 넘어가도록 확실하게 조치해라. 문제가 너무 커서 비즈니스를 포기할 정도가 아니라면 말이다. 예를 들어 최근에 1천 명의 직원을 정리해고한 회사와 일하기로 했다고 가정해보자. 당신과 함께 일하는 고객팀 직원들이 해고당하면 어떻게 되는지 계약서에 짚고 넘어가야 한다. 이번에는 고객의 입장에서 살펴보자. 그들이 다른 주$^{state}$에 있는 디자인 회사와 일하는 문제를 놓고 걱정하고 있다면? 디자이너가 고객의 사무실로 직접 방문하는 횟수를 명시하도록 계약서에 반영하면 된다.

그렇다고 양쪽 모두 같은 수준의 안전장치가 필요한 것은 아니다. 직원이 고작 10명 정도인 디자인 회사, 또는 프리랜서 디자이너 혼자서 100명 규모의 기업을 이길 수 있을지는 의심스러운 일이다. 확고하게 자리 잡은 다국적 기업을 상대한다면 더 말할 필요도 없다. 그러니 계약서가 당신을 충분히 보호하고 있는지 확인해야 한다. 기업이 크고 유명할수록 계약 조건을 자신들에게 유리하게 만든다. 악의적으로 왜곡되어 있을 가능성이 그만큼 크다. 당신이 원하는 조건을 염두에 두고, 굳건한 입장에서 협상을 시작해라. 무엇을 받아들이고 거부할지에 대해 방향 감각을 잃지 말아야 한다. 세상에는 다른 고객도 많다.

사업 논의과정에서 충분히 노력을 기울였다면, 고객 회사 내부에 협력자들이 생겼을 것이다. 당신은 상당한 권한을 가진 누군가에게, 당신의 디자인 작업이 그들의 성공에 필수적인 요소라는 것을 확신시켰다. 그 사실은 확실한 영향력을 지닌다. 물론 당신은 그들로부터 "이것이 외부 업자들에 대한 우리의 방침입니다."라는 말을 들을 수도 있다. 하지만 그들의 방침에는 당신이 예상한 것보다 훨씬 더 많은 자유재량권이 들어 있을 것이다. 제네바 조약*이 그렇듯이 말이다.

### 계약서 협상은 오해할 만한 사항이 무엇인지 드러낸다

작업명세서를 협상하는 동안, 견적 금액과 주요 결과물 등 필수 조건들이 구체화된다. 하지만 이 과정에서도 불투명하고 어중간한 영역이 나타나기 마련이다. 예를 들면 '완료 시 지급'이란 도대체 무엇을 말하는가? '완료'는 무슨 의미로 쓰였나? 관련자 모두가 '완료된 것'의 분명한 의미를 공유하지 못하면, 막판에 상황이 고약해진다. '완료되었다'는 것은 웹사이트가 제대로 작동하고 있다는 뜻인가? 아니면 당신이 최종 디자인의 포토샵 파일을 넘겼을 때를 말하는가? 그도 아니라면 고객이 당신의 작업에 주관적으로 만족할 때를 말하는 건가? 고객이 당신에게 서면으로 승인서를

--------

* 스위스 제네바에서 조인된 네 차례의 조약으로, 인도주의에 대한 국제법의 기초가 되었다.

보내주어야 하나? 관계에 대한 조건들을 먼저 확정하고, 디자인에 대한 논쟁은 뒤로 미뤄두자.

### 계약서에 반드시 포함시킬 사항들

첫째, 작업명세서와 계약서는 분리하는 게 좋다. 계약서는 둘 또는 그 이상의 당사자들 사이의 관계를 정의한다. 작업기술서는 특정 프로젝트를 정의하는 것으로써 계약서 하나에 여러 개의 작업기술서가 포함될 수 있다. 예를 들어 당신이 같은 회사와 여러 개의 프로젝트를 진행한다면, 하나의 계약서로 그 모든 프로젝트를 포괄할 수 있다. 하지만 개별 프로젝트에 대해 각각의 작업기술서를 가지고 있어야 한다.

공정성의 정신에 따라 계약 협상에 임하되, 힘의 균형에 대해서도 염두에 두어야 한다. 누가 근본적으로 유리한 입장이냐고? 대부분은 고객이다. 따라서 고객의 걱정거리가 무엇인지 파악하고 있으면, 필수적인 안전장치를 포기하는 일 없이 그 문제를 다룰 수 있다. 변호사를 많이 거느린 대기업과 거래하고 있다면, 그들의 요구에 굽히지 말아야 한다. 만약 그렇게 되면, 그 많고 많은 변호사가 한가한 시간에 모여서 소송을 거는 것만으로 당신을 완전히 망하게 만들지도 모른다. 당신의 계약서에 다음 사항이 모두 포함되도록 만들어라.

### 대금이 완납되면 지적 재산권을 양도한다

이 작고 간단한 아이디어 덕분에 사기를 막을 수 있다. 쉽게 말해 고객이 돈을 지급하지 않았으면 디자인 결과물은 당신의 소유라는 소리다. 설사 그 결과물이 고객의 서버에 들어 있다고 해도 말이다. 고객 대부분은 결과물의 지적 재산권을 얻고 싶어한다. 결과물로 돈을 벌 수 있기 때문이다. 하지만 당신이 지적 재산권을 양도해야 권리를 주장할 수 있다. 그렇지 않다면 당신이 작업 결과물을 반환하라고 요구할 수도 있다.

### 중도해지 수수료

당신의 권한 밖에서 발생하는 이유로 고객이 프로젝트를 중도에 포기하는 경우, 중도해지 수수료kill fee는 당신이 빈손으로 돌아서지 않도록 보호해준다. 이 수수료는 고객을 위해 들인 시간과 돈 등의 자원과 함께, 당신이 이번 프로젝트로 다른 일을 하지 못했다는 사실을 고려해서 책정해야 한다. 많은 고객이 중도해지 수수료를 계약서에 명시하는 걸 주저한다. 당신이 계약을 파기하고도 돈을 받아낼 수 있다고 생각하기 때문이다. 하지만 그건 사실이 아니다. 공정한 계약은 양쪽 모두에게 법적 구속력이 있다. 정당한 이유 없이는 어느 쪽도 계약을 파기할 수 없다. 고객이 중도해지 수수료 조항을 불편하게 생각한다면, 당신이 계약 조건을 위반하는 경우를 제외한 그 어떤 이유로도 프로젝트를 중도에 종결할 수 없다는 조항을 넣어라. 그동안 쌓아온 경험에 비추어볼 때, 쌍방 모두가 쉽게 파기할 수 있는 계약은 계약이 아니다.

### 작업 결과물 전달 승인 조항

중도해지 수수료처럼 당신에게 유리한 조항이지만, 이 조항은 고객이 좀 더 편하게 받아들일 수 있을 것이다. '고객이 작업 결과물에 만족하지 않으면, 당신에게 알려서 문제를 해결할 기회를 줘야 한다'고 계약서에 명시해라. 사실상 그들이 당신과의 계약을 해지할 수 있다는 소리다. 하지만 작업 결과물은 당신이 갖는다는 것을 뜻한다. 계약이 해지되면 작업 결과물을 넘기지 마라. 작업 결과물이 좋지 않다고 말하면서도, 권리를 자신들에게 넘기라고 말하는 고객의 의도는 뭘까? 아마도 당신에게 돈을 내지 않고 작업 결과물을 계속 사용하려는 속셈일 것이다. "이번 작업 결과물은 정말 형편없군! 게다가 일도 별로 많이 안 했잖아!"라고 하면서.

## 계약서에 포함시켜서는 안 되는 사항들

위와 반대로 다음 사항들은 계약서에 포함하지 않도록 확인해야 한다.

### 불합리한 배상책임 조항

이 조항이 들어가면, 고객은 당신을 인간방패로 사용할 수 있다. 예를 들어 당신이 실수로 법을 어기는 제안을 몇 가지 했다고 가정해보자. 물론 바보 같은 짓을 했으니 얼른 바로 잡아야겠지. 그렇지 않으면 결국 고객은 당신을 소송할 수도 있다. 하지만 '배상책임'이란 고객이 고발당하면 그들이 입은 손실에 대한 책임을 당신에게 물 수 있다는 뜻이다. 개인이나 작은 회사라면 그런 배상책임 조항을 감당해줄 만한 보험에 가입할 여유가 없을 테니 반드시 피해야 한다.

### 품질보장

당신은 물론 성공을 바라며 디자인 작업을 하고 적절한 테스트도 거칠 것이다. 하지만 디자인이 '목표를 충족시킬 것이다'라는 간단한 말로 품질을 보장하는 것은 아니다. 그것은 마치 당신이 학위를 받으면 좋은 직장을 얻게 될 거라고 보장해달라며 대학교 측에 요구하는 것과 마찬가지다. 한 번은 고객이 내게 품질을 보장해달라고 요구한 적이 있다. 목표를 달성했을 때 보너스를 받는 조항을 추가하면 그렇게 해주겠다고 답했다. 대화는 거기서 끝났다.

### 계약서가 하지 않는 일들

계약서는 일이 잘못되는 것을 막아주지는 못한다. 일이 잘못되었을 때 어떻게 해야 하는지 언급할 뿐이다. 가장 중요한 점은 계약서가 프로젝트를 올바른 방향으로 가도록 만들지는 못한다는 사실이다. 뛰어난 작업을 바탕으로 맺어진 탄탄한 고객 관계를 대신할 수 있는 것은 아무 것도 없다. 고객과의 굳건한 관계야말로 프로젝트가 순조롭게 진행되도록 하는 요소이다. 당신이 맡게 되는 모든 프로젝트에는 계약서가 필요하다. 두말하면 잔소리다. 하지만 "걱정하지 마. 계약서가 있잖아!" 같은 소리나 하면서 안도감을 갖는 것은 잘못이다. 계약서가 있다고 해서 부적절한 고객이 올바른 고객으로 바뀌지는 않으니까.

계약서는 경고신호가 쉬어가는 곳이 아니다. 고객과의 관계가 순탄하지 않다고 느낀다면, 당신의 직감을 믿어라. 맡았어야 하는 일을 놓치고 후회하는 것이 맡지 말았어야 하는 일을 맡았다가 잘못되는 것보다 훨씬 낫다. 세상에는 다른 일거리들도 많다. 걱정 마라.

### 계약서 집행하기

쌍방이 조건에 합의하고, 계약서에 사인한 후 서로 교환했는가? 그러면 이제 그것을 옆으로 치워버려라. 계약서는 필요할 때 사용하라고 있는 것이다. 프로젝트를 진행하는 동안에 방패처럼 사용하지는 마라. 고객과 일하다 보면 수백만 가지의 소소한 논쟁이 벌어진다. 이런 논쟁은 대부분 예의 바른 대화로 해결된다. 이때 가능하면 얼굴을 마주 보고 대화하는 게 좋다. 논쟁을 대화로 해결하면 고객과 돈독한 관계를 쌓을 수 있다. 기회 있을 때마다 계약서를 꺼내 들지 마라. 관계만 악화될 뿐이다. 정말 상황이 나빠질 때를 대비해서 계약서를 아껴둬라. 프로젝트는 대부분 그렇게까지 나빠지지 않는다. 만약 상황이 그렇게까지 악화됐다면, 당신이 뭔가 다른 것*을 잘못하고 있다는 신호이다.

하지만 반드시 당신이 동의한 모든 사항을 제대로 이해했는지 확인하고 나서 그에 따라 행동해야 한다. 예를 들어 중요한 단계마다 서면 승인을 받기로 동의했다면 빼먹지 말아야 한다. 프로젝트가 잘 진행되고 있는 것처럼 보인다고 해서 게으름을 피면 안 된다. 상대방이 계약상의 의무를 제대로 이행하지 않는다고 느껴지면, 가능한 한 빨리 그 문제에 대해 말하라. 하지만 긍정적인 태도로 접근해야 한다. 양쪽 모두 그 문제를 고치고 싶어한다고 가정해라. 지금은 책임자끼리 대화할 시간이다.

★ 해당 고객과의 일 중에서 커뮤니케이션이 나쁘다거나 고객의 목표를 충족시키지 못한다거나 성실하지 못하다거나 실력이 아주 떨어진다거나 하는 등 일을 잘못하고 있다는 의미이다.

고객과 일대일로 만나라. 양쪽 팀원들 앞에서 계약서를 집어 던지는 일은 피해야 한다. 프로젝트를 다시 좋은 상태로 되돌리기 위해 협상하는 것이라면, 조용히 처리하는 편이 낫다. 목표는 항상 프로젝트를 잘 완수하는 데 있으니까.

교착 상태에 빠졌다는 확신이 서면, 변호사에게 자문을 구할 시간이다. 변호사가 허락할 때까지는 절대로 당신의 변호사나 소송을 들먹이며 고객을 위협하지 마라. 고객과 관계를 맺을 때 당신이 조심하면 할수록, 세부사항 하나하나 꼼꼼하게 신경 쓰면 쓸수록, 프로젝트를 성공적으로 마무리할 가능성이 높아진다. 또한 앞으로 오랫동안 새로운 일거리를 주거나 다른 고객에게 당신을 추천해줄 고객과 지속적 관계를 쌓을 가능성도 높아진다.

나같이 제멋대로인 종자도 할 수 있다면, 당신도 당연히 할 수 있다. 당신이 나보다 좋은 사람이라고 확신한다. 10년 동안 사업을 해오면서 나는 고객을 법정으로 끌고 간 적이 한 번도 없었다. 두 번 정도 계약 해지통보를 했지만, 그건 당신이 신경 쓸 일이 아니다. 한 번은 계약해지를 당하기도 했다. 아주 드물게 일이 잘 성사되지 않은 때도 있었다. 하지만 그 경우에도 신사적으로 결별했다. 그러지 못했던 경우를 제외하고는 말이다.

### 친구들과 일하기

계약에 대해 하나의 장을 할애해놓고 가장 큰 지뢰를 무시하고 넘어갈 수는 없다. 바로 친구들과 일하는 경우다.

디자인이나 IT 업계는 규모가 작다. 언제가 됐든 당신도 친구들과 일하게 될 것이다. 사실 친구가 고객팀에서 일한다는 것과 당신이 영업할 기회를 잡는 것과는 아무런 문제가 없다. 다른 고객들에게 하는 것과 마찬가지로 당신 자신을 잘 홍보해야 한다. 마케팅 부서의 잭이 친구라는 이유만으로 당신에게 일을 맡기면 안 되겠지만, 잭과 친구 사이라는 사실이 기회를 제공하기도 하니까 말이다. 보편적으로 고객팀에 친구가 있다는 것은 두 사람 모두 전문가답게 행동하고 친분 관계를 그릇되게 이용하지 않는 이상 문제가 되지 않는다.

내가 언급하는 지뢰란, 친구들과 함께 진행하는 비공식적인 프로젝트를 말한다. '계약서 쓰자'고 말하기에는 뭔가 떨떠름한 프로젝트 말이다. 나라면 당신에게 그런 일은 피하라고 충고하겠지만 당신은 내 말을 무시할 것이다. 그래, 인정하자. 왜냐하면 친구를 위해 디자인을 몇 페이지 정도 만들어주거나 즐거운 맘으로 그가 추진하는 프로젝트의 로고를 만들어주면서 계약서를 쓰자고 요구하는 건 잘못된 일이라고 느낄 것이기 때문이다. 그가 프로젝트를 팔아버리기 전까지는 말이다. 이제 갈등이 생기기 시작하겠지. 고객과의 관계에서 갈등이 생기는 것도 좋지 않지만, 우정이 걸려 있는데 갈등이 생기는 것은 열 배 더 좋지 않다.

그럼에도 불구하고 이런 프로젝트를 해야겠다고 고집한다면 한 가지만 충고하겠다. 적어도 앞으로 예상되는 결과들과 세부적인 결정에 대해 주고받은 대화에 대해서만은 서로 이메일로 주고받아라. 조금 불편하게 느껴질 수도 있을 것이다. (그렇게 느낄 필요는 없지만.) 하지만 마지막에는 이메일에 남은 기록이 우정을 구해낼지도 모른다. 지금 이메일을 쓰는 것이 나중에 서로에게 소리를 지르면서 싸우는 것보다는 훨씬 낫다.

**CHAPTER 6**

# 당신의 프로세스가
# 최고의 프로세스다
:
### 프로세스 고수하기
STICKING TO YOUR PROCESS

얼마 전에 어떤 프로젝트와 관련해서 연락을 받았다. 인지도 높은 고객, 넉넉한 예산, 현실적인 일정표 등 조건이 꽤 괜찮았다. 그 일이 하고 싶었다. 책임자들과 첫 번째 통화를 해보고 난 후에는 그 일을 맡고 싶어서 안달이 날 지경이었다. 그들은 똑똑했다. 우리에게 훌륭한 질문을 던졌고, 우리도 훌륭한 답변을 내놓았다. 그들은 몇 군데 다른 회사도 알아보고 있다고 했지만, 항상 있는 일이어서 별로 걱정하지 않았다. 전체적으로 첫인상이 좋았다.

며칠 후 그들은 좀 더 쉽게 결정을 내리기 위해 후보 회사들에게 해당 사이트를 위한 콘셉트 스케치를 요청하고 있다고 알려왔다. 심지어 스케치 비용을 주겠다고도 했다. 이 정도면 조건이 나쁘지 않지, 안 그래? 그런데 우리는 결국 그들의 요청을 거절했다. 왜냐하면 우리의 요청이 거부됐기 때문이다. 사이트를 제대로 디자인하려면, 우선 사전조사부터 해야 한다고 말했다. 그들의 목표와 콘텐츠와 브랜드, 그리고 수익창출방법 등에 대해 협의해야 한다고 했다. 또한 그들이 목표로 하는 사용자들과도 이야기를 나누어야만 한다. 경쟁업체에 대한 조사도 필요하다. 기술적 제한, 편집 프로세스, 콘텐츠 전략, 기타… 조사해야 할 사항은 정말 많다. 고객이 요청한 문제를 해결하려면, 우선 문제를 제대로 이해하고 정의해야 하기 때문이다. 이 모든 프로세스를 거친 후에야, 비로소 해결책을 제안할 수 있을 것이다.

　이러한 프로세스야말로 오랜 시간 동안 성공적인 디자인 작업을 할 수 있었던 결정적 이유라고 재차 설명했다. 우리의 디자인 작업이 성공적이었으니, 그들도 명성을 듣고 연락해온 것 아니겠나? 확실히 우리가 만든 사이트는 근사하다. 하지만 더 중요한 것은 그 사이트가 제대로 작동한다는 점이다. 또한 목표를 충족시킨다. 나는 사람들도 자신들의 목표를 이루기 위해 노력하는 와중에도 우리가 만든 사이트를 즐겼으면 좋겠다. 그것이 과제를 완성하려는 사용자의 목표이든, 가입자를 늘리려는 사이트 운영자의 목표이든 말이다. 나는 그들에게 토론과 사전조사를 거치지 않고 스케치만 하면 우리가 도출한 콘셉트가 틀어질 수밖에 없다고도 설명했다. 고객의 머릿속에 무엇이 들어 있는지 짐작할 수 없기 때문이다. 독심술로 우리의 디자인 능력을 평가받아야 하는 위치에 서고 싶은 생각이 나로서는 눈곱만치도 없었다.

　고객에게 이런 얘기를 하는 동안, 나는 이 일과 작별할 마음의 준비를 했다. 속이 많이 쓰렸다. 진짜 좋은 일이었고 하고 싶은 일이었으니까. 하지만 그 일은 고객이 우리의 프로세스를 이해하고 존중해야만 맡을 수 있는 작업이었다. 고객에게 이런 얘기를 하려면 배짱이 두둑해야 한다고 생각할지도 모르겠다. 하지만 그날은 '내게도 배짱이 있었으면 좋겠다'고 바랐다. 왜냐하면 나는 완전히 겁을 집어먹고 허둥댔기 때문이다. 하지만 겁이 나든 안 나든, 옳은 일이기 때문에 얘기를 해야만 했다.

"듣고 보니 합당한 얘기네요. 당신에게 디자인 작업을 맡기겠습니다."

털썩. 다음번에 다른 고객과 똑같은 내용의 대화를 나눌 때는 겁이 좀 덜 났다.

좋은 작업을 위한 원동력은 바로 당신의 프로세스다. 당신은 디자이너로 일하는 동안 프로세스를 지속적으로 발전시키고 수정할 것이다. 때로는 새로운 것을 배웠기 때문일 수도 있고, 때로는 디자인 산업 전체가 발전해서 그것을 반영해야 하기 때문일 수도 있다. 하지만 어떤 경우든 프로세스는 당신이 일하는 데 사용하는 기본틀이 된다. 그래서 "작업을 마치면 우리 사이트는 어떤 모습이 될까요?"라고 잠재적 고객이 물어오면 우리는 이런 식으로 대답한다. "오, 아이디어가 전혀 떠오르지 않네요. 하지만 어떤 프로세스를 적용해야 할지는 알고 있어요."

### 당신이 프로세스를 고수해야 하는 이유

당신은 현재 위치에 어떻게 도달했다고 생각하는가? 눈치챘겠지만 '당신의 프로세스'다. 인지하고 있든 아니든 상관없다. 당신처럼 성공한 사람들은 프로세스의 중요성을 알고 있다. 또 기회가 되는 대로 자신의 프로세스를 향상시키려고 노력한다. 매일 아침

일어나서, 당신이 끔찍이도 싫어하는 일터로 나가고, 점심시간이 되기도 전에 화장실에 숨어 질질 짜는 것도 하나의 프로세스다. 유행하는 프로세스에 속지 마라. 지금 당신이 사용하는 프로세스가 효과적이라면, 당신에게는 최고의 프로세스이다. 그 프로세스를 고수하라.

성공적인 프로세스를 거쳤기 때문에 훌륭한 결과물이 나왔다고 보면 틀림없다. 사람들이 당신을 고용해서 더 많은 일을 하게 만들고 싶을 만큼 말이다. 그렇다면 고객들은 도대체 왜 그런 훌륭한 디자이너를 고용하자마자 프로세스를 무너뜨리려고 시도하는 걸까? 애초에 당신을 고용하게 만든 이유가 바로 그 프로세스 때문인데 말이다. 그 얘기는 잠시 뒤로 미뤄두자. 일단은 고객이 당신의 프로세스를 절대로 무너뜨리지 못하게 만들어야 하는 이유에 대해 논의해보자.

나는 이번 장을 프로세스를 망가트리려고 시도했던 어떤 고객의 이야기로 시작했다. 그들이 우리 프로세스를 무너뜨리는 데 성공했다면, 그들이 이루고자 했던 것과 정반대의 결과를 얻었을 것이다. 고객의 목표는 좋은 디자인을 얻는 것이었다. 그래서 자신들의 목표에 다다를 수 있는 계획을 세웠다. 당신 입장에서는 고객의 목표와 계획을 구분해야 한다. 대체로 그들의 목표는 훌륭하다. 적어도 당신과 이 정도로 깊이 있는 대화를 나눌 수 있는 고객이라면 말이다. 하지만 그들의 계획은 완전히 다른 문제다. 목표를 어떻게 이룰지 계획을 세우는 일은 온전히 당신 몫이다. 그게 당신의 일이다. 계획은 당신의 일이라는 점을 고객에게 인지시키지 못하면, 프로젝트 기간 내내 뭐 한 가지라도 제대로 마치기 어려울 것이다.

앞에서 예로 든 일을 다시 살펴보자. 나는 작업을 훌륭하게 완수할 수 있는 우리만의 프로세스가 있기 때문에 고객이 좋은 결과물을 얻게 될 거라고 장담했다. 이로써 고객의 목표를 분명히 짚고 넘어갔다. 그들의 실질적인 관심사를 다루어준 것이다. 그리고 나서야 우리의 계획을 보여주었다. 다행히도 그 고객은 내 이야기에 귀를 기울일 만큼 열린 마음을 갖고 있었다. 그래서 나는 우리의 계획이 그들의 것보다 목표 달성에 훨씬 더 도움이 된다는 점을 용케 이해시킬 수 있었다. 더 중요한 건 내가 실제로 그 목표를 성취했다는 점이다.

자, 그러면 당신 이야기를 해보자. 프로세스를 알려주자마자 고객이 발을 빼려고 한다면 어떻게 해야 할까? 물론 그럴 리는 없겠지만 말이다. 고객이 당신의 프로세스를 받아들이도록 설득해야만 한다. 고객이 당신에게 일을 맡길 때, 그들은 당신의 프로세스도 함께 고용하는 것이다. 그러니 그 프로세스 덕분에 당신이 좋은 작업을 해올 수 있었다고 그들을 설득할 필요가 있다. 그리고 그 설득은 나중이 아니라 지금, 일을 수주하는 단계에서 이뤄져야 한다.

"우리가 함께 일하려면, 이렇게 진행해야 합니다."

당신은 지금 고객에게 당신 방식대로 일을 처리하겠다고 허락을 구하는 게 아니다. 고객의 목표를 달성하기 위해 당신의 프로세스를 어떻게 사용할지 보여주는 것이다. 확신을 심어주는 것이다. 또 과거에 그 프로세스 덕분에 얼마나 효과를 많이 봤는지 설명하여 당신의 주장을 뒷받침해야 한다. 당신이 설득에 성공할 때마다 당신 주장을 변호할 만한 사례가 하나씩 늘어날 것이다. 그리고 다음번에 당신이 다른 고객을 설득해야 할 때는 훨씬 더 순조로워질 것이다. 우리의 프로세스는 효과적이다. 당신의 프로세스도 그럴 것이다. 다만 프로세스를 고수하고 그걸 위해 싸운다면 말이다.

### 고객은 왜 당신의 프로세스를 망가뜨리려 하는가

고객은 디자인 회사의 체계적이고 성과가 좋은 프로세스 때문에 일을 맡기지만, 이내 그 프로세스에서 벗어날 것을 요구한다. 이건 뭐 즐기는 게 아닌가 싶다. 그건 마치 로이 할리데이$^{Roy}$ $^{Halladay}$*를 영입해와선 외야수 포지션을 맡기는 것과 같다. 로이 할리데이는 아마도 당대에 가장 뛰어난 투수일 것이다. 하지만 외야수로는 최악이다. 그런데 덜 떨어진 부회장이 '그를 영입하는 데 천문학적인 돈을 들였으니 본전을 뽑겠다'고 결심했다 치자. 투수가 아니라 매일 경기에 출전하는 외야수로 써먹겠다고 말이다. (선발투수는 5일에 한 번씩 등판한다.) 이 은유법에서 야구는 디자인을 뜻하고 멍청한 부회장은 여전히 멍청한 부회장이다.

도대체 왜 이런 일을 저지르는 걸까? 초조함 때문이다. 큰돈을 들인 것에 대한 초조함, 최대한 빨리 본인들이 생각하는 '결과'를 봐야 한다는 초조함, 잘못된 결정을 내렸을지도 모른다는 초조함,

---

* 필라델피아 필리스 소속으로, 미국 프로야구를 대표하는 최고의 투수다. 1998년 토론토 블루제이스 입단 후 2002~2007년 아메리칸리그 올스타에 선정되었고, 2003년 아메리칸리그 사이 영 상, 2010년 내셔널리그 사이 영 상을 받았다.

그리고 궁극적으로는 당신에게 일을 맡긴 게 잘못된 결정으로 판명되어 조직 내에서 자신의 입지가 흔들릴지 모른다는 초조함 말이다. 알지 모르겠지만 사람들은 초조해지면 자신들이 편하게 느끼는 나쁜 버릇으로 되돌아가기 마련이다. 그리고 분명한 것은 편하게 안주하는 자리에서는 문제를 해결하거나 혁신을 이룰 수 없다는 사실이다.

프로젝트를 진행하는 동안 고객이 당신의 프로세스를 따르기로 동의했다는 점을 계속해서 상기시켜야 할지도 모르겠다. 그리고 프로젝트 기간 내내 당신은 고객이 원하는 목표를 달성하기 위해 당신의 프로세스가 순조롭게 진행되고 있다고 확신시켜야 할 것이다.

당신과 고객의 관계는 남녀 간의 사랑과 비슷한 면이 있다. 때로는 풋풋하게 손을 맞잡기도 하고, 때로는 모진 난관을 헤쳐나가는 힘겨운 사랑이 펼쳐질 때도 있을 거다. 그렇더라도 언제나 당신의 입장을 굳건하게 지키고, 당신에게 검증된 프로세스를 고수해야 한다. 프로젝트를 위험에 빠뜨리지 않으면서, 동시에 고객의 초조함을 누그러뜨릴 수 있는 유연함도 갖추고 있어야 한다. 좋은 프로세스는 단층선** 위에 지어진 건물처럼(내가 지금 글을 쓰고 있는 이 건물이 그렇다!) 웬만한 상황에서는 무너지지 않도록 충분히 유연하게 설계되어 있다.

---

** 지표면에서 단층면이 접하는 선. 단층선이 있는 지역에는 지진이 잦게 일어난다. 그러한 단층선 위에 지어진 건물들은 충분한 내구성과 유연성을 갖춘 건축 재료를 사용하여 지어진다. 이 건물들은 지진 발생 시에 아래로부터 올라오는 지진 에너지를 흡수해서 붕괴되지 않으며 인명피해를 최소화시켜준다.

## 고객은 어떤 방법으로 당신의 프로세스를 망가뜨리는가

흔히 일어나는 상황을 짧게 얘기해주겠다.

### 당신이 문제를 완전히 이해하기 전에 솔루션을 제시한다

절대 안 될 말이다. 고객이 디자인을 단순한 그림 그리기로 오해하기 때문에 이런 문제가 생긴다. 당신이 그림을 그리지 않고 왜 이런저런 다른 일을 하고 있는지 고객이 이해하지 못하는 것이다. 만약 비주얼 프리젠테이션을 하면서 "오늘 이 자리에서 드디어 디자인을 보시게 될 겁니다!"라고 말한 적이 한 번이라도 있다면, 당신에게도 어느 정도 책임이 있다. 그러니 고객만 탓하지 마라. 프로젝트를 시작할 때마다 디자인 작업이 다른 사람들에게 어떻게 보일지 고객에게 설명할 의무가 있다. 그리고 각각의 요소가 어떻게 합쳐지고 맞아떨어질지에 대해서도 설명해야 한다. 당신이 고객 앞에 '그림'을 내놓기 시작하는 순간부터 그 '그림'에 대한 고객의 반응을 짚고 넘어가야만 하는 상황이 벌어진다. 사전조사를 통해 제대로 된 판단을 내리기 전까지는 섣불리 '그림'을 내놓지 마라. 당신의 작업 결과물이나 그에 대한 고객의 반응을 옹호해야 하는 상황을 자초하는 셈이다.

### 두서없이 일한다

웹사이트에서 가장 중요하지 않은 페이지가 무엇인지 아는가? 바로 초기 페이지\*다. 십중팔구 한번 사용하고 말 페이지이다. 사

---

\* 인터넷 접속 시 맨 처음 나타나는 화면

용자들에게 충분히 탐색할 수 있는 체계를 제공하지 않으며, 사용자보다는 마케팅의 필요에 따라 제어되는 경우가 잦다. 하지만 초기 페이지는 고객이 가장 보고 싶어하는 페이지이기도 하다. 나는 종종 초기 페이지를 먼저 만드는 것을 건축에 비유하곤 한다. 집을 만들 때 지붕을 먼저 지어놓고 그냥 내버려두었다가 벽을 쌓는 것과 같다고 말이다.

나는 디자인 작업을 할 때 초기 페이지부터 시작하는 게 정말 싫다. 하지만 그동안의 경험을 통해 고객이 초기 페이지를 보기 전까지는 다른 어떤 것에도 집중하지 못한다는 사실을 배웠다. 그래서 우선 초기 페이지를 만들어준다. 그리고 고객이 장단점을 토론하는 동안 나머지 부분을 후다닥 만들어버린다. 우리는 때때로 원칙을 굽히긴 하지만, 절대로 꺾이지는 않는다.

### 당신 일을 대신해주려고 한다

이런 일에서 가장 흔한 예는 고객이 "우리는 이미 사전조사를 상당 부분 진행해왔습니다. 그걸 드릴 테니 사전조사 단계는 생략합시다."라고 하는 것이다. 그래, 고객이 해온 사전조사 결과를 보는 거야 뭐, 어느 정도 도움이 되기도 하겠다. 하지만 그것이 우리 나름대로 진행해야 하는 사전조사를 대신할 수는 없다. 핵심은 사전조사를 하는 것이 아니다. 상황을 이해하는 것이다. 사전조사는 다른 사람이 대신해주면 일을 덜었다고 좋아하면서 선뜻 허락할 수 있는 종류의 일이 아니다. 누가 하든 상관없는 체크리스트 항목이 아니기 때문이다. 두 번째로 흔한 예는 고객이 비주얼을 놓고 경쟁하도록 만드는 것이다. 거래를 깨고 나올 만한 일이다. 이미 당신이 맡기로 결정된 일에 대해 다른 사람이 치고 들어오는 일이 없게 해야 한다. 경쟁자를 신경 쓸 필요없이 당신에게는 시행착오를 거칠 수 있는 여지가 있어야 한다. 나는 일을 따내기 위해 경쟁하는 것을 사랑한다. 하지만 내가 따내면 그 일은 내 것이다. 경쟁은 이미 끝났다.

### 사람들과 만나는 것을 제어하거나 차단한다

사내 권력 투쟁의 세계에 들어온 것을 환영한다! 고객 이름을 톰이라고 하자. 톰은 회사에서 메리와 권력 투쟁 중이다. 그리고 일을 진행하려면 메리에게 정보를 얻어야 한다. 하지만 톰은 자기가 약하게 보일까 봐 걱정돼서 또는 일이 어떻게 진행되는지 메리에게 알리고 싶지 않아서 당신이 메리와 얘기하는 것을 원치 않는다. 이런 상황에서 일이 잘될 턱이 없다. 프로젝트가 시작되기 전에 톰에게 미리 얘기해라. 프로젝트를 완수하기 위해선 사람들과 직접 만날 수 있어야 한다는 것을 확실히 알려줘야 한다. 그가 머뭇거린다면 문제가 무엇인지 알아내라. 단지 특정 인물과 얘기를 나눌 때 자신도 같이 있어야 한다는 점을 확인하고 싶은 것인지도 모르니까.

하지만 톰이 회사 내의 다른 사람들과 만나는 것을 허락하지 않는다면, 대체로 더 큰 문제가 숨어 있다는 신호다. 아마도 이번 프로젝트가 회사에 별로 중요하지 않다거나, 프로젝트를 성공적으로 이끄는 데 필요한 내부 지지를 얻어내지 못했다거나 하는 문제 말이다.

**재촉한다**

물론 긴박한 느낌으로 프로젝트를 진행하는 것은 좋다. 하지만 끝내기 위해 반드시 일정한 시간을 들여야 하는 일도 있다. 속된 말로 아기를 낳겠다고 아홉 명의 여자가 덤벼들어도 한 달 만에 낳을 수는 없는 법이다. (나도 시도해봤는데, 맞는 말이더라!) 그런데도 자꾸 재촉하면 멍청한 실수가 생긴다. 로렘 입숨<sup>lorem ipsum</sup>*으로 가득한 사이트를 오픈하는 일 따위 말이다. (나나 당신이 그런 실수를 저질렀다는 건 아니다. 아니고말고!) 할 만한 가치가 있는 일이라면 제대로 해야 한다. 아무리 급한 상황이 닥쳐도 세부사항을 꼼꼼히 챙겨야 한다. 그리고 높은 수준의 퀄리티를 유지해야 한다. 그리고 장담컨데, 일을 가장 많이 재촉하는 고객은 계약을 체결하기까지 한 달 이상을 미적거린, 바로 그 고객일 것이다.

**결정을 미적거린다**

우유부단한 것보다 더 빨리 프로젝트를 망가트리는 요인도 없다. 결정하기까지 시간이 많이 걸리는 경우든, 이미 실행에 옮겨진 결정을 다시 검토하는 경우든 마찬가지다. 그렇게 되면 팀 전체가 손을 놓고 앉아서 기다리고 있거나 전 단계로 거슬러 올라가서 지금까지 해온 작업을 다시 풀어헤치려고 할 것이다. 이 문제를 방지하려면 결정이 늦어져 생겨나는 악영향을 확실하게 이해시켜야 한다. 프로젝트와 관련한 것은 무엇이든 비용이 붙는다. 시간이나

---

\* 출판이나 그래픽 디자인 분야에서 폰트, 타이포그래피, 레이아웃 같은 그래픽 요소나 시각적 연출을 보여줄 때 테스트용으로 사용하는 실제 문장이 아닌 무의미한 채움 글

돈, 또는 둘 다일 수도 있다. 고객은 시간과 돈을 낭비하는 것을 매우 싫어하고, 대부분 시간과 돈을 더 마련할 만한 자원이나 권한을 갖고 있지 않다. 그러니 결정을 내려달라고 요청할 때는 고객에게 그 결정과 관련된 비용에 대해서도 반드시 알려줘야 한다.

"수요일까지 답변을 받으면, 일을 계속 진행해서 금요일 마감 시간을 맞출 수 있습니다. 하지만 수요일 저녁 6시를 넘기면 마감을 월요일로 미룰 수밖에 없습니다. 다른 마감 일정도 차례로 밀리고 말 겁니다. 나흘 동안 추가로 일해야 하니 예산도 더 필요하겠네요."

상황에 맞춰 이 얘기를 조정하면 된다. 어깨를 툭 치며 가볍게 말해도 될 일에 전쟁용 도끼를 꺼낼 필요는 없다. 다만 프로젝트 작업의 마지막 주에 120시간이나 일할 수 있게 만드는 마법 따위는 어디에도 없다는 것을 고객에게 확실하게 알려야 한다.

프로젝트 기간 내내 어떻게 처신하느냐에 따라 당신의 시간이 얼마나 소중한지 고객에게 제대로 보여줄 수 있다. 회의와 세션을 효율적으로 진행해라. 준비된 상태에서 들어가라. 질질 끌지 마라. 사람들과 노닥거리는 데 시간 낭비하지 마라. 당신이 한가하다는 인상을 고객에게 심어주면 안 된다. 예를 들어 당신이 이번 프로젝트에 12주를 책정했다 치자. 고객이 아는 한, 당신에게 비어 있는 시간은 없어야 한다. 이 일을 시작하기 직전까지 다른 프로젝트를 했고, 일을 마친 직후에도 다른 프로젝트를 시작하는 스케줄이 잡혀 있어서 정신없이 바쁜 모습을 보여주란 얘기다. 실제로는 일이 없다 해도 말이다. 미적거리는 일은 소중하고 귀한 자원인 시간을 위협한다.

### 조직의 정치논리로 프로젝트 목표를 무시한다

"CEO께서 그렇게 말씀하셨거든요." 모든 프로젝트는 위에서 내려오는 말도 안 되는 지시를 한두 가지쯤 안고 있다. 어떤 경우에 유연하게 받아넘기고 또 어떤 경우에 맞서 싸워야 하는지 상황에 따라 선택해야 한다. 고객의 요청 중에 어떤 것은 전반적인 일이나 사이트의 성공에 아무런 영향도 끼치지 못한다. 하지만 어떤 요청은 치명적인 악영향을 끼칠 것이다. 일전에 CEO 한 분은 사용자들이 회사의 위치를 알 수 있도록 사이트에 그 지역 명소 사진을 넣어야 한다고 요구했다. 이것이 그에게는 가장 중요한 문제였지만, 내 입장에선 상대적으로 맞춰주기 쉬운 요구였다. (덧붙여 말하자면 명소 사진은 그 CEO의 약력 페이지에 들어갔다.)

조직 정치 대부분은 사람들이 자기 의견이 무시당한다고 느끼는 데서부터 시작된다. 당신이 사업 착수회의에 가능한 한 많은 사람이 참석할 수 있도록 노력해야 하는 이유도 이 때문이다. 그들이 궁극적으로는 프로젝트 팀에 참여하지 않는다 해도 의견을 개진할 기회를 줘라. 고객팀에서 당신과 연락을 담당하는 팀원이 당신에게 알려주지 않은 유용한 정보를 얻을 수도 있다. 회의 자리에서 그가 누구를 배제하려 하는지 관찰하는 것만으로도 많은 것을 배울 수 있다.

마지막으로, 고객이 윗사람의 지시 때문에 프로젝트의 목표 달성에 해가 되는 일을 하라고 요구할 수도 있다. 그가 윗사람의 요구를 거부하기 쉽지 않다는 건 충분히 이해할 수 있는 일이다. 이런 상황에서는 당신이 총대 멜 준비를 해야 한다. 어찌 됐든 이 프로젝트를 마치고 나면 당신은 이 사람들과 같이 일할 필요가 없으니까 말이다. 살짝 한계를 시험해봐도 괜찮다. 당신을 담당하는 고객이 하고 싶어 하지 않거나 할 수 없는 어려운 얘기가 있다면, 당신이 대신 꺼낼 각오를 해야 한다.

**일 처리에 유행하는 방식을 시도한다**

혁신과 유행을 구분하는 것이 디자이너로서 해야 할 일이다. 그리고 고객이 혁신을 추구하되 유행은 무시하게 하는 것도 당신이 맡은 일이다. 고객이 유행하는 방식을 고집한다면, 한물간 유행의 사례를 들어라. 한때는 첨단의 유행을 반영했던 그 디자인이 지금 와서는 얼마나 우스꽝스러운지, 얼마나 큰 역효과를 낳는지 콕 짚어 얘기해라. 함께 어색한 웃음을 짓는 것만으로도 고객을 충분히 설득할 수 있다. 그리고 배너를 촌스럽게 감싸는 장식 같은 건 이제 그만 만들어라. 이제 질릴 때도 되지 않았나?

### 프로젝트가 잘 진행되고 있다고 고객을 안심시키는 법

고장난 레코드처럼 한 소리 또 한다고(이게 무슨 뜻인지는 부모님께 여쭤보길.) 비난받을 위험을 무릅쓰고 말하자면, 언제나 고객과 원활한 커뮤니케이션을 유지해라. 작업 결과물을 그들에게 보여주는 한, 그들도 당신의 프로세스를 받아들일 것이다. 언제 어떤 일이 벌어질지 모르는 돌발상황에 대해서 그들의 기대치가 올바르게 설정되어 있는지도 항상 확인해라. 그리고 일단 돌발상황이 생기면 당신이 제 궤도로 잘 가고 있다는 것을 알려라.

만약 궤도에서 이탈했다면 그 사실도 확실하게 전달해라. 상황이 악화되는 것을 당신이 고객에게 어떤 식으로 전달하는지, 또 제 궤도로 다시 돌아오도록 만들 계획을 얼마나 빨리 수립하는지가 궤도를 이탈했다는 사실보다 결과적으로는 훨씬 중요하다. 훌륭한 고객이라면 투명성이 보장되고 작업 결과물을 볼 수 있는 이상, 당신의 프로세스를 신뢰할 것이다. 당신도 이런저런 부분에 대해 고객과 타협하는 노력을 보여주는 게 좋다. 물론 원칙은 고수해야겠지만.

**CHAPTER 7**

# 직접 발표하라,
# 설득시켜라,
# 팔아라
:

### 디자인 프레젠테이션하기
PRESENTING DESIGN

본인의 디자인을 직접 프레젠테이션하지 않는 디자이너는 디자이너라고 부를 수 없다. 작업 결과물을 발표하고, 근거를 설명하고, 질문에 답하고, 피드백을 끌어내는 일은 모두 디자인 작업에 속한다. 다른 사람이 고객 앞에서 프레젠테이션하는 동안 책상 앞에 앉아 있었다면, 당신은 피드백에 대해 불평할 권리가 없다. 당신은 실패한 것이다.

내가 고객 앞에서, 또는 내가 일하던 회사 내부 팀 앞에서 디자인 프레젠테이션을 해온 지도 꽤 오래되었다. (내가 일을 시작했을 때 아빠 부시 대통령*이 백악관에 있었으니까.) 그래도 여전히 디자인 작업을 발표할 때마다 긴장된다. 물론 너무 긴장한 나머지 고객의 회사 화장실에서 신나게 게워내고, 조금 후에 내 발표를 듣게 될 담당자

* 미국 제 41대 대통령 조지 H. W. 부시(재임기간 1989~1993)

옆에서 입을 헹궈낸 건 옛날 옛적 *꼬꼬*마 시절 얘기다. 하지만 지금도 여전히 신경이 곤두선다. 당신에게 디자인 프레젠테이션을 어떻게 해야 할지 알려준다고 해서, 내가 태어날 때부터 대단한 기술을 지니고 있었다는 뜻이 아니다. 단지 부딪히고 깨지더라도 자신감을 잃지 않고 계속 노력하다 보면 누구든지 프레젠테이션을 제대로 할 수 있다는 사실을 알려주는 하나의 증거이다.

배우려면 직접 해보는 것만큼 좋은 방법은 없다. 긴장해도 좋다. 디자인 프레젠테이션을 망쳤다고 죽은 사람은 아무도 없다. 신경이 죽을 만큼 곤두선다고? 어느 정도 시간이 지나고 나면, 당신의 '신경'이 거짓말하고 있다는 사실을 깨닫게 될 것이다. 당신 자신도 모르는 사이에 실력이 쑥쑥 늘어서 다시는 프레젠테이션 때문에 주눅들 필요가 없을 때가 온다. 프레젠테이션을 반복하고 또 하면, 어느 날 예전만큼 두렵지 않다는 것을 깨닫게 될 것이다. 당신은 사실상 그때부터 디자인을 한다고 할 수 있다.

## 디자인은 저절로 팔리지 않는다

디자인 세계에서 지속되어온 가장 거대한 환상이 뭔지 아는가? 좋은 디자인이라면 노력하지 않아도 저절로 팔린다는 것이다. (두 번째 환상은 코퍼플레이트<sup>Copperplate</sup>\*가 가독성이 좋은 폰트라는 것이다.

타말레\*\*가 스스로 껍질을 벗을 수 없는 것과 마찬가지로 디자

---

\* 영문 필기체. 손글씨 연습이나 캘리그라피에서 많이 사용하는 폰트
\*\* 옥수수 가루, 다진 고기, 고추로 만드는 멕시코 요리의 일종

인도 스스로에 대해 설명할 수가 없다. 당신은 지금 사업상 목표를 이루기 위한 디자인 솔루션을 프레젠테이션하고 있지만, 동시에 최종 사용자를 배려하는 위치에서 프레젠테이션을 하고 있다. 당신이 그 문제에 대해 깊이 연구했으며 그 복잡한 특징들을 이해했다는 점, 그렇게 얻어낸 이해를 바탕으로 작업을 진행하고 있다는 점을 고객이 알 수 있게 해야 한다.

고객에게 '디자인을 이해시키려고' 하지 마라. 그 대신 고객이 무슨 일을 시키려고 당신을 고용했는지에 대해 정확하게 이해하고 있다는 사실을 분명하게 알려라. 당신의 선택이 어떤 식으로 프로젝트를 성공으로 이끌어가는지 설명해라. 이건 마법이 아니라 산수다. 당신의 작업을 보여줘라. 고객이 단박에 알아차리기를 기대하지 말고, 이해하지 못해도 탓하지 마라. 그들을 납득시켜라.

고객 앞에 서서 옳은 솔루션을 제시했다는 확신이 충분히 들면, (틀림없이 그래야 하겠지만) 그 자신감을 고객에게도 전달할 필요가 있다. 결국 당신이 하는 일은 고객이 디자인 작업을 확신하게 만드는 것이다. 확신이야말로 프로젝트에서 당신이 고객에게 넘겨주는 디자인 작업 결과물만큼 중요하다.

## 디자인을 직접 발표해야 하는 이유는 무엇인가

이 얘기는 반복해서 할 가치가 있다. 왜냐하면 당신의 작업을 직접 발표할 수 있는 능력은 디자인 기술의 핵심이기 때문이다. 고객과 유대감을 형성하는 데도 도움이 된다. 프레젠테이션은 작업의 책임자를 고객과 대면하게 하는 과정이다. 또 당신이 자신 있게 작업을 하고 있다는 것을 보여줄 수 있는 기회다. 그리고 고객이 작업한 사람에게 직접 질문을 던질 기회를 제공한다.

    어렸을 때 우리는 '전화 걸기'라는 놀이를 했다. 모두 모여서 둥글게 원을 그리고 선다. 내가 옆에 서 있는 아이의 귀에 단어를 하나 속삭인다. 그 아이는 옆의 아이에게 속삭이고, 그 아이가 다음 아이에게 귓속말을 해서 마침내 내게 그 단어가 전달되는 놀이다. (엑스박스$^{X-Box*}$ 따위는 발명되지도 않았던 때라니까.) 내 귀에 전해지는 단어는 어김없이 내가 처음 말한 것과 달라져 있었다. '초콜릿'은 '포크 립'이 되고, '베이스볼'은 '베이스 보드'가 되었으며 '교회에 가자'는 말은 '뒷골목에서 담배 피우자'로 바뀌었다. 이 얘기가 무슨 뜻인지 잘 이해했을 거라고 믿는다.

    고객이 중개자를 통해 말한다는 것은 당신이 그들로부터 직접 얘기를 듣지 못하는 상황임을 뜻한다. 그들의 얼굴을 볼 수도 없다. 그건 중요한 문제다. 표정이 입에서 나오는 말보다 더 많은 얘기를 하는 경우가 많기 때문이다. 예를 들면 "로고는 왜 이 크기로 했나요?"로 제기된 질문이 중개자를 통한다면 당신에게는 "로고를 크게 만드시오." 같은 표현으로 전달된다. 당신이 그들의 질문에 대답하기 위해 그 자리에 참석하지 않았기 때문이다. 심지어 당신은 그 말이 질문 형식으로 제기되었다는 사실도 모를 것이다. 디자이너로서 당신은 고객이 무슨 말을 하는지 해석해내는 능력을 키워야 한다. 그리고 질문을 명확하게 해달라고 요청해야 한다. 때

---

\* 마이크로소프트 사$^{Microsoft\ Corporation}$가 개발한 차세대 가정용 비디오게임기. 비디오게임기로는 최초로 하드디스크를 장착했고 가정용 PC에 준하는 성능과 그래픽 표현력을 지녔다.

문에 그 자리에 참석해야 하는 것이다. 작업할 때와 마찬가지로 프레젠테이션 과정도 신중하게 관리해야 하는 이유다.

고객 앞에 서서 프레젠테이션을 하지 못하는 경우에도 같은 원칙이 적용된다. 멀리 떨어진 곳에 있는 고객과 함께 일한다면, 당신이 작업 결과와 그 이유에 대해 설명할 수 있도록 전화 회의를 준비해라. 작업한 것을 미리 보내지 말고, 통화하면서 적절한 기회를 잡은 후에 보여줘라. 최악의 상황이 뭔지 아나? 당신이 작업에 대해 설명할 기회를 얻기도 전에, 고객이 당신을 앞질러서 먼저 전화를 걸어와 변경사항을 제안하는 거다.

당신의 디자인을 직접 발표하지 못하게 하는 회사에서 일한다면, 고객에게 직접 디자인을 설명하는 게 모두에게 얼마나 이익이 되는지 이해시켜라. 당신과 고객에게 도움이 될 뿐만 아니라, 프로젝트를 제대로 완성하는 데도 도움이 된다는 점을 말이다. 회사가 계속 태도를 바꾸지 않고 직접 프레젠테이션하는 것을 막는다면, 당장 때려치워라. 지금 당신은 일을 제대로 할 수 없는 상황이다. 일을 똑바로 할 수 없게 만드는 곳에서는 일하지 마라.

### 토론 주제를 미리 알려라

프레젠테이션 장소에 들어가기 전에, 당신이 왜 그 자리에 가는지 이유를 고객에게 미리 알려라. (당신조차 회의의 개최 이유를 확실하게 알지 못한다면 회의를 할 이유가 없을지도 모른다.) 모두 같은 기대치를 갖고 참석한다는 점을 분명히 하고, 각자에게 기대하는 것이 무엇인지도 명확하게 밝혀라. 프레젠테이션에 시간이 얼마나 걸릴지도 알려주고, 그들이 원하는 결과를 안겨줘라. 토론 주제가 없는 회의는 모든 사람에게 각자 특별히 관심을 기울이는 안건을 가져오라고 하는 것과 같다. 어쨌든 정해진 방향이 없다면, 올바른 방향에서 벗어나 길을 잃을 수조차 없다.

### 당신이 보여주는 것에 확신을 가져라

이번 회의의 주인공은 당신이다. 이 사실에 대해 일말의 의심도 가져서는 안 된다. 똑바로 일어서서 회의실 앞으로 걸어가라. 당신이 누구인지, 무슨 일을 하는지 소개하고, 프로젝트의 목표를 반복해서 말해라. 그리고 당신이 지금부터 보여줄 디자인이 어떻게 그 목표를 충족시킬지 설명해라. 회의실에 있는 사람들이 편안한 마음으로 발표를 들을 수 있도록, 그들에게 원하는 것은 디자인 지식이 아니라는 점을 분명히 밝혀라. 당신이 원하는 것은 해당 제품이나 서비스에 대한 전문지식이라고 설명해라. 그리고 그 자리에 있는 사람들이야말로 거기에 딱 맞는 전문가라는 점도 짚고 넘어가라.

토론이 개인적인 주관에 빠지지 않도록 피드백의 주제에 대한 개요를 설명해라. 예를 들어 제안된 솔루션이 특정 통계를 얼마나 잘 충족시키는지, 고객의 목소리와 브랜드를 제대로 전달하는지 등이 그것이다. 그들이 자신의 전문 영역에 머무르도록 유도하면, 그들도 당신의 전문 영역을 침범하려고 시도하지 않을 것이다.

당신이 발표하지 않는 것에 대해서는 사과하지 마라. 프레젠테이션 시점까지 손에 넣지 못한 것에 대해 변명하는 데 집중해서는 안 된다. 가진 것을 발표하는 데 집중해야 한다. 그리고 고객을 설득하려면, 우선 당신 스스로 본인이 하는 말을 믿어야 한다. 작업이 아직 미완성 상태라면 고객에게 그렇게 말하면 된다. 디자인이란 계속 반복되는 과정이다. 중요한 고비마다 고객이 적절하게 참여하면서 되풀이되는 프로세스라는 뜻이다. 프레젠테이션의 목표는 완성된 디자인을 내놓는 게 아니라 제시간에 발표하는 것이다.

지난 몇 년 사이에 디자인을 판매하는 것을 '교묘한 조작'이라고 느끼는 디자이너들 몇몇을 만났다. 조작이란 진실이 겉으로 보이는 것과는 다르다고 남을 설득하는 것이다. '스테이크를 팔지 말고 지글거리면서 구워지는 소리를 팔라'는 마케팅 격언이 낯설지 않을 것이다. 스테이크가 맛이 없다면 그건 조작이다. 하지만 지글거리는 소리만큼 스테이크가 맛있다면 그것은 훌륭한 판매기술이다. 진심으로 당신의 디자인이 좋다고 믿고 고객 앞에 설 수 있는가? 그리고 당신이 했던 사전조사 결과를 바탕으로 고객도 그렇게 믿을 수 있게 정직한 방식으로 설득할 수 있는가? 만약 그렇다고 말할 수 있다면, 그것이야말로 좋은 디자인을 파는 일이다.

그렇다고 교만하게 굴지는 마라. 당신이 사전조사를 꼼꼼히 했고, 문제를 제대로 이해했으며, 프레젠테이션이 디자인 작업을 뒷받침하기 때문에 당신이 성공할 것이라고 믿는 게 바로 자신감이다. 교만이란 이런 일을 하지 않고서도 당신이 성공할 것이라고 믿는 것이다. 그런 얼간이는 되지 마라.

### 기능이 아닌 목표에 대해 호소해라

작업에 대한 검토는 목표 지향적이어야 한다. 우선순위도 정해야 한다. 고객은 이 프로젝트에 대해 중요한 목표를 가지고 있기 때문이다. 그들은 당신이 이 목표를 어떻게 다루었는지 알고 싶어 초조할 것이다. 그 부분을 먼저 짚어줘라. 당신이 어떻게 목표를 구현했는지가 아니라, 목표 자체를 보여주는 방식으로 발표를 진행해라. 예를 들어 볼까?

"여기 트위터 버튼이 있습니다!"는 좋지 않다.
"보는 것처럼, SNS에 대한 걱정거리를 해결했습니다!"는 좀 낫다.
"조사 결과에 따라 사용자가 가장 활발하게 소통하는 기사 옆에 소셜미디어 공유 툴을 넣었습니다. 그리고 서비스의 중요도 변동에 따라 추가하거나 제거할 수 있도록 그 공간을 유연하게 디자인했습니다." 브라보! 최고의 답변이다.

어떤 기능이든, 이유가 있어서 만들었다는 점을 기억해라. 거기서부터 얘기를 시작해라. 거기 있어야 할 이유를 대지 못한다면, 아마도 그 기능은 필요없다는 신호일 것이다.

### 부동산 여행 방식으로 발표하지 마라

디자이너가 긴장하고 있다는 가장 분명한 신호는 뭘까? 바로 프레젠테이션을 부동산 여행*처럼 진행하는 것이다. 당신도 본 적이

---

* 부동산에 관심은 있지만 투자하기에 정보가 부족하거나 확신이 부족한 분들을 위해 가벼운 마음으로 정보도 얻을 수 있게 한 부동산 여행 상품

있을 거다. 발표자는 화면 왼쪽 윗부분에서 시작해, 로고가 어디 있고 그게 어떻게 눈에 띄는지를 설명한다. 오른쪽 아래 끝부분까지 내려가는 동안 마치 여행 안내자라도 된 것처럼 페이지의 모든 요소를 설명한다. 그리고 페이지 구석에 박혀 있는 저작권 공지사항에서 마무리 짓는다. 프로젝트의 목표나 이익에 대해서는 아예 설명하지도 않는다. 이런 사람들은 아마 디자인 작업을 진행하는 도중에 고객이 공사팀을 꾸리고 크레인을 불러서 프로젝트를 뜯어고치려고 할 때도 속수무책으로 방관할 것이다. 고객이 하자는 대로 끌려 다닐 사람이다.

이미 볼 수 있는 내용은 설명하지 말자. 시간 낭비다. 디자인이 고객의 목표를 달성하기 위한 최고의 방법이라는 점을 설명해야 한다. 그것이 당신이 해야 할 일이다. 처음부터 디자인이 소셜 미디어 전략을 수용하고 있다고 선언하고 프레젠테이션을 시작한다면 저항이 훨씬 덜할 것이다. 왜냐하면 모든 시각적 요소들이 합당한 이유로 특정 장소에 자리 잡고 있다는 점을 보여줄 수 있기 때문이다. 그게 아니라면 버튼을 아무 데나 흩어놓았다는 얘기로 들릴 수 있다.

## 고객에게 부정적인 이야기를 할 수 있도록 하라

고객이 당신의 디자인 작업에 대해서 부정적으로 얘기하기는 어렵다. 1장에서 말했듯이 예민하고 재능 있는 '예술가'의 기분을 상하게 하면 안 된다고 생각하기 때문이다. 또는 최소한의 예의 때문에 그럴지도 모른다. 하지만 이런 태도는 프로젝트에 도움이 되지 않는다. 고객이 말하지 못한 기대치는 부글부글 끓어오르는 무언의 불만으로 바뀐다. 그러다 결국에는 예산이 다 떨어질 때쯤 갑자기 폭발해서 끔찍한 상황을 만들고 만다. 부정적인 피드백도 디자인 과정의 필수이고, 고객이 해야 할 일 중에 하나라는 점을 알려라. 심지어 "다시는 그따위 쓰레기를 가지고 내 시간을 낭비하지 마시오!" 같은 폭언도 모두의 시간을 절약시켜준다는 것을 명심하라. 물론 우리는 건설적이고 이유가 타당한 피드백을 선호하긴 하지만 말이다.

나는 시각적인 디자인을 발표할 때마다, 특히 디자인 초기 단계에는 언제나 발표 서두에 간단한 연설을 한다. 상황에 따라 조금씩 달라지기는 하지만, 내용은 대체로 다음과 같다.

"오늘 우리는 여러분께 불완전한 디자인을 보여 드릴 겁니다. 잘못되었다고 느끼는 부분이 있다면, 저희에게 지적해주셔야 합니다. 그렇지 않으면 우리는 같은 디자인을 반복해서 보여 드릴 수밖에 없습니다. 우리의 시간과 돈을 모두 허비하고, 여러분이 질려버릴 때까지 말입니다."

이런 훈련이 디자인 프로세스를 진행할 때 모든 사람을 훨씬 편안하게 만들어준다. 속으로는 '휴, 똥이라도 싸지르기 좋은 쓰레기로군. 내가 이런 얘기까지 입 밖에 꺼내지 않도록 저 친구들이 내 마음 좀 읽었으면 좋겠다.'라고 생각하지만, 겉으로는 "네, 괜찮은 것 같네요."라고만 말하는 고객 때문에 낭비되는 시간이 많이 절약된다.

## 필요한 정보를 제공받을 수 있도록 고객을 도와줘라

고객이 주관적인 피드백을 준다고 불평하는 디자이너일수록 사실은 고객에게 주관적인 피드백을 요구하는 경향이 있다. 누구나 자기에게 적합한 피드백을 받기 마련이니까. 그렇기에 "마음에 드시나요?" 같은 질문을 피해라. 당신은 그들이 좋아하는 물건을 만들기 위해 고용된 게 아니다. 당신이 가장 듣고 싶은 이야기에 대해 '구체적으로 언급해달라'고 고객에게 요청해라. 그들이 다루지 않으면 좋겠다고 생각하는 부분에 대해서는 얘기하지 마라. 예를 들어 "로고 크기는 어떤가요?" 같은 질문 말이다.

물론 고객은 당신이 원하지 않는 부분에 대한 피드백도 전달할 것이다. 대부분 경청하고 인정하면 된다. 하지만 고객이 끈질기게 군다면 그들이 질문하는 내용이 목표와 어떻게 연결되는지 설명해달라고 요청해라. 그들이 던지는 질문의 의미를 분명하게 밝혀 내용을 파악해라. 때로는 명령조의 피드백을 모두 다 듣고 난 후에야 비로소 진짜 문제가 뭔지 알게 되는 경우도 있다.

## 팀의 일원으로 함께 발표한다면 단결된 모습으로

팀의 일원으로 프레젠테이션에 참여한다면 각자 역할을 분담해야 한다. 당신이 하는 일은 디자인 작업의 판매를 책임지는 것이다. 당신 말고도 프로젝트에 참여하는 디자이너가 있을 수 있다. 공동작업 중이었다면 프레젠테이션도 공동으로 해라. 다만 누가 어느 부분을 책임질지에 대해서는 명확하게 구분해야 한다. 그리고 프레젠테이션에 앞서 프로젝트 개요를 설명하기 위해 당신 회사의 프로젝트 관리자가 함께 참석할 수도 있다. 그도 시간 계획과 토론 주제를 제대로 따라가야 하기 때문이다. 각자 맡은 역할이 있겠지만, 그들의 장점을 충분히 활용할 수 있도록 유연하게 대처해라. 예를 들어 당신이 패싯 내비게이션faceted navigation*을 제안하려 하는데 당신 팀의 인터랙티브 디자이너가 패싯 내비게이션을 사용하자고 주장해왔다면, 그 부분은 그녀에게 발표를 맡겨라. 이런 식으로 다른 사람들을 자연스럽게 참여시켜라.

  발표 도중에는 팀 동료를 든든히 지원해라. 동료가 할 말을 잊거나 당황하면 일단 끼어들어서 문장을 대신 마무리하라. 그들이 안정을 되찾으면 앞서 하던 얘기를 이어서 할 수 있도록 도와주면 된다. 팀 동료가 생각지도 못하는 상황에 공을 넘기지 마라. ("…그럼 이제 제이슨이 광고에 대한 저희 팀의 접근방식을 설명하겠습니다…") 항상 단결된 모습으로 프레젠테이션해야 하기 때문이다. 사무실에서 무자비하게 언쟁을 벌였든 아니든 상관없다. 고객 앞에 서 있는 이상 당신이 발표하는 내용은 모두 팀 이름을 건 솔루션이다. 며칠 전 내부 회의에서 폐기된 방안과 비슷한 것을 고객이 제안했을 때 "제가 원하는 게 바로 그겁니다!"라고 소리치는 사람은 거기에서 흠씬 두들겨 맞아도 할 말이 없다. 물론 농담이다. 사무실로 돌아갈 때까지 폭력을 행사하면 안 된다.

---

* 특정 검색어로 검색된 결과의 속성값을 이용하여 검색 결과의 범위를 줄여나가는 기능

## 판단이 틀렸을 수도 있다는 가능성을 받아들이자

자신감은 본인이 틀렸을 때 그것을 감당할 수 있다는 뜻이기도 하다. 그리고 당신은 꽤 여러 번 틀릴 것이다. 프레젠테이션의 목적은 당신의 솔루션을 고객에게 억지로 강요하려는 게 아니다. 당신이 옳다고 믿는 것을 다른 사람도 옳다고 믿도록, 설득하는 방식으로 제시하는 것이다. 당신이 틀렸다는 것을 고객이 이해시킬 수 있도록 허락하는 것이기도 하다. 나 역시도 발표할 내용이 바위처럼 단단하다고 확신하고 회의실에 들어갔다가 간과했던 명백한 사례를 고객이 언급하는 바람에 모든 상황이 갑자기 중단된 경험을 여러 번 했다. 그리고 그건 좋은 신호다. 이런 구멍을 찾는 것도 디자인 프로세스의 한 부분이기 때문이다. 똑똑한 고객과 일하고 있다는 것을 다행으로 생각해라. 망가진 제품을 팔려고 자꾸 노력하지 마라. 당신이 틀렸다는 것을 인정하고, 새로운 통찰력을 갖게 된 것에 감사해라.

## 고객에게 면박 주지 마라

당신의 주요 고객은 아마 누군가에게 보고할 것이다. 프레젠테이션을 통해 당신을 처음 만나게 되는 누군가에게 말이다. (그 사람이 누구인지 미리 알아내라!) CEO일 수도 있고, 32명의 임원 중 한 명일 수도 있다. 하지만 디자인 작업뿐만 아니라 당신을 디자이너로 선택한 고객의 결정 역시 그들에게 철저하게 검증받고 있다는 사실을 기억해라. 고객을 치켜세워주고 호의를 베풀어라. 철저하게 준비하고 정직하게 답변해라. 고객을 대화에 참여시키고 그들의 피드백을 경청해라. 이 사람은 당신의 협력자이다. 회사 내에서 고객의 주가가 오르도록 도와주면 이번 프로젝트나 향후의 프로젝트를 진행할 때 당신에게도 도움이 될 것이다.

## 깊은 인상을 남기며 마무리하라

제시간에 발표를 마쳐라. 고객의 시간을 존중하고, 그들에게 당신의 시간도 소중하다는 것을 보여줘라. 모두의 질문에 만족할 만한 답변을 했는지 확인해라. 고객이 피드백할 수 있는 의사소통 수단을 마련해라. 마감시한에 대해서도 마찬가지다. 시간을 내주어서 고맙다고 인사해라. 악수를 하고 음료수 잔도 함께 치워라. 고객은 내버려두라고 하겠지만, 어쨌든 기꺼이 그렇게 하는 척이라도 해라. 적어도 부모님께서 당신을 참 잘 키우셨다는 소리는 들을 거다.

얘기하다 보니 내가 회사를 차리기 전에 있었던 멋진 일화가 생각난다. 그때 나는 다른 디자인 회사와 일을 하고 있었고, 굉장히 힘든 프레젠테이션을 막 마친 참이었다. 우리 모두 고객의 사무실에서 나오고 싶어 미칠 지경이었다. 드디어 고객과 작별인사를 나누고 짐을 싸서 엘리베이터로 향했다. 엘리베이터를 기다리는 동안 크리에이티브 디렉터가 나에게 이렇게 말했다.

"우와, 그 여자 완전 또라이 아냐?"

그 '또라이'가 모퉁이를 돌아 걸어 나오는 바로 그 순간에 말이다. 그 프로젝트를 진행하는 동안 어색해서 혼났다.

당신이 프레젠테이션을 마쳤을 때 내가 할 수 있는 충고는 모두에게 '시간을 내주셔서 고맙다'고 인사하라는 것이다. 그리고는 입을 굳게 다물어라. 노트북을 챙겨서 건물 밖으로 나가라. 정문을 나서서 모퉁이를 돌고, 차를 몰고 다리를 건너라. 자, 이제는 말을 해도 좋다. 아니면 처음부터 아예 고객에 대한 뒷담화는 하지 않는 습관을 들여라. 고객은 월세와 공과금을 내준다. 또 자신의 밥벌이를 당신 손에 맡기기까지 했다. 좋은 분들이잖아.

**CHAPTER 8**

# 고객과 함께 일하는 방법을 익혀라
:

### 피드백 관리하기
MANAGING FEEDBACK

피드백을 취합하고 관리하는 일은 디자인 과정에서 필수적이다. 어도비^Adobe의 업데이트 작업 다음으로 디자이너들이 가장 많이 불평하는 일이기도 하다. "그들은 내가 뭘 해야 하는지 말해주지도 않아!"에서부터 "걔들이 뭔데 나한테 이래라저래라 하고 난리야!"를 거쳐 "아, 젠장~! 시안을 파워포인트로 보내왔잖아!"까지 불평불만은 실로 다양하다.

이 책의 진도도 꽤 많이 나갔으니, 당신도 이제 내가 무슨 말을 하려는지 눈치챘을 것이다. 맞다! 나는 비록 당신을 사랑하지만, 이건 당신 잘못이다. 고객이 올바른 시간에 올바른 방식으로 올바른 피드백을 줄 거라고 가정해서는 안 된다. 하지만 당신과 고객이 모두 같은 목표, 즉 프로젝트의 성공을 향해 노력하고 있다는 점은 기대해도 좋다. 자, 그럼 크게 숨을 들이쉬고 당신이 원하는 피드백을 어떻게 얻어낼지 알아보자.

### 좋은 피드백을 얻기 위해 준비할 것들

제아무리 똑똑하고 자기 생각을 분명하게 표현하는 사람이라 해도, 디자이너에게 도움이 될 만한 피드백을 제공하는 법을 직감적으로 알아낼 수는 없다. 왜냐하면 이 기술은 일상적 업무에 속하지 않기 때문이다. (아트 디렉터만 빼고.) 그래서 유용한 피드백을 전달하는 법을 고객에게 가르쳐야만 한다. 그리고 가르침은 프로젝트가 시작되는 바로 그 순간부터 시작된다. 고객과 함께 일하기로 결정이 되면, 당신의 프로세스에 대해 설명해라. 그리고 프로세스를 제대로 진행하기 위해서 고객의 피드백이 얼마나 중요한지 확실하게 알려라. 당신과 고객 모두 수행해야 할 역할이 있다. 피드백은 두 회사를 연결하는 튼튼한 근육 결합조직 같은 것이다.

당신의 고객은 전에도 디자인 회사에 일을 맡긴 적이 있나? 얼마나 자주 일을 맡겼나? 또 얼마나 오래 전 일인가? 고객은 어떤 역할을 수행했나? 디자인 피드백에 대한 고객의 경험치를 제대로 측정해라. "많이!"가 썩 좋은 답변이 아닐 수도 있다는 점을 깨달아야 한다. 프리랜서와 함께 일해본 경험이 대형 디자인 회사와 일할 때는 통하지 않을 수도 있다. 반대의 경우도 마찬가지다. 작은 회사랑 함께 일할 때는 더더욱 그렇다. 결론적으로 말하자면 당신은 고객에게 당신과 함께 일하는 방법을 알려줘야 한다. 더 중요한 것은 당신도 고객과 함께 일하는 법을 배워야 한다는 점이다.

서로에게 유용한 피드백 체계를 구축하기 위해 고객과 함께 노력을 기울여라. 우리 회사의 경우 업무 추진력을 유지하기 위해, 대체로 프레젠테이션 후 48시간 이내에 피드백을 받으려고 노력한다. 하지만 어떤 회사는 48시간 이내에 피드백을 전달하기 불가능할 정도로 이해당사자가 많다. 이럴 때는 고객에게 48시간 이내에 피드백해달라고 요청해서는 안 된다. 고객도 48시간이라는 조건에 동의하면 안 된다. 서로 실패하도록 준비하는 것과 다름 없다. 괜찮은 절충안을 마련해라. 하지만 피드백을 받기까지 시간이 오래 걸릴수록, 프로젝트 완료 날짜도 미루어진다는 점을 고객에게 확실하게 인식시켜라.

어떤 회사는 의사결정이 빨라서 24시간 이내에 피드백을 주겠다고 약속하곤 한다. 훌륭하지 않은가! 그래도 48시간을 줘라. 일반적으로 빨리 움직이는 회사일수록 적은 인원으로 급한 불을 꺼야 할 일이 많은 법이다. 어쩌면 당신에게 피드백을 주기로 한 사람이 이 일 말고 다른 급한 불을 끄기 위해 소방 호스를 잡고 있을지도 모른다. 상황이 어찌 됐든 서로 합의한 피드백 체계를 문서로 작성해서 작업기술서에 포함시켜라. 이것도 일종의 마감이라고 볼 수 있다. 지키면 상을 받고 어기면 항의를 받게 된다.

### 드러나지 않은 이해 당사자

이제 당신이 미처 밝혀내지 못했던 '드러나지 않은' 이해 당사자가 슬슬 존재감을 드러내는 시점이 왔다. 우리 모두 이런 사랑스러운 사람들을 만나본 적이 있을 것이다. 그들은 작업 3주차 회의에 디자인 콘셉트를 가지고 불쑥 나타난다. 또는 지난 3개월 동안 함께 일해온 고객팀이 갑자기 '사이트를 론칭할 준비가 되면 어딘가에 먼저 공개하고 생각을 듣겠다'고 말할 때도 있다. 이런 일을 당하면 속았다는 기분이 들 것이다. 하지만 속았다는 기분이 아니라 어떤 기분이 들어야 마땅한지 알고 있나? 그렇다, 머저리가 된 기분이 들어야 한다. 숨어 있는 그 사랑스러운 사람들을 발견해서 쫓아내지 못한 당신의 잘못이기 때문이다.

프로젝트를 시작할 때 당신은 고객 측에서 누가 정보를 제공하고, 누가 피드백을 전달하며, 누가 승인을 내리는지 알고 있어야 했다. 사실 누가 이런 역할을 담당해야 하는지 고객보다 당신이 더 잘 알 수도 있다. 탐색 단계에서 조직 내부의 사람들을 만나면서 (당신의 프로세스에도 탐색 단계가 물론 있겠지?) 그들이 나중에 가서 피드백 체계에 불쑥 참여하게 될지 당신 스스로 자문해봐라. 나중에 당하느니 차라리 지금 상황을 주도하는 편이 낫다. 어차피 그들을 참여시켜야 한다면 나중보다는 지금이 더 나은 게 아닌지, 당신과 연락을 주고받는 고객측 담당자와 함께 의논해라. 그들이 검토 과정에 참여하지 않겠다고 결정하면, 나중에 가서도 그 약속을 지키게 해야 한다. 디자인 결정을 검토하는 피드백이라면, 대규모 집단보다 소규모 집단이 맡는 게 효율적이다. 하지만 더 중요한 것은 그 집단이 적합해야 한다는 점이다.

초기 논의 단계에서는 최대한 많은 사람을 참여시키고, 검토 단계에 들어가면 참여하는 사람 숫자를 최소한으로 줄이는 게 일반적이다. 종종 고객 회사의 사람들이 계속 참여하고 싶다고 말할 수 있지만, 실상은 자신들이 신경 쓰는 문제 딱 한 가지만 얘기하고 자신의 본업으로 돌아가고 싶어하는 경우가 많다. 그 한 가지를 당신에게 제대로 전달할 기회를 잡지 못한 경우 그들은 프로젝트가 끝나갈 무렵에 툭 튀어나와서 디자인 작업의 전체 모양을 꼬이게 하는 것이다.

## 고객은 피드백 전문가가 아니다

고객 입장에서는 '아무런 제한을 두지 않을 테니 자유롭게 피드백을 달라'는 밑도 끝도 없는 요청을 받았을 때만큼 힘든 일도 없다. 당신이 어떤 종류의 피드백을 받기를 원하는지 고객이 알아내려면 당신의 도움을 받아야 한다는 뜻이다. 그들에게는 체계와 안내지침이 필요하다. 당신이 피드백의 체계와 안내지침을 빨리 제공할수록 작업을 진행하는 데 필요한 체계적인 피드백을 얻게 될 확률도 높아진다. 그렇게 되면 모든 사람의 시간이 절약될 것이다.

고객 대부분은 디자인에 대한 의견을 제시할 때 남의 시선을 의식하는 경향이 있다. "나는 디자인에 대해서는 아무것도 몰라요!"라는 말을 우리는 대체 얼마나 많이 들었는가? 그들이 디자인을 모른다 해도 괜찮다. 고객이 디자인에 대해 공부할 필요는 없으니까 말이다. 고객이 확실하게 아는 분야는 자신들의 사업에 대한 것이고, 당신이 정말로 원하는 것도 사업과 관련된 피드백이다. 다시 말해 당신의 디자인 작업이 이 프로젝트의 사업적 목표를 충족하는지 아닌지를 알고자 하는 것이다. 당신은 '디자인'이라고 말하는데 고객의 귀에는 '예술작품'이라고 들리면, 모두가 불편해진다. 고객이 고용한 디자인 전문가답게 행동해라. 필요하다면 고객이 당신을 디자인 전문가로 고용했음을 상기시켜라. 그들이 자신의 사업 분야에서 전문가라는 점도 함께 말이다. 그들이 편안하게 여기는 전문 영역, 즉 사업 영역에 머물게 해라. 그러면 어느 날 갑자기 고객이 '디자인 감각이 뛰어난' 가족에게서 받은 피드백을 들고 나타날 가능성이 줄어들 것이다.

물론 우리가 감추고 싶은 비밀도 있다. '객관성을 유지하고 개인적인 선호를 배제한 피드백을 달라'고 부탁하긴 하지만, 사실 내심으로는 고객이 우리 디자인 작업을 좋아하는 것만큼 기쁜 일도 없다. 따라서 객관적인 피드백을 받기 위한 첫 번째 단계는 우리가 객관적인 프레젠테이션을 하고, 개인적 감정에 치우치지 않도록 하는 것이다.

## 피드백을 위한 안내지침

프레젠테이션을 하기 전에 고객을 위한 피드백 안내지침을 준비해라. 어떤 얘기가 도움이 되고 어떤 얘기는 도움이 되지 않는지 고객에게 전달해라. 고객은 안내지침을 고맙게 여긴다. 또 안내지침은 고객의 시간도 절약해줄 것이다. 고객은 당신이 시간을 절약해줄 때 좋아한다. 이 시점에서 어떤 결정을 내리는 것이 중요한지, 또 무엇을 무시해야 하는지, 어떤 부분에 대한 설명이 더 필요한지 고객에게 말해라. 그리고 고객이 잊지 않도록, 프레젠테이션에서 언급했던 핵심 사항을 반복해서 설명해라.

예를 들어 우리가 방금 웹사이트를 위한 첫 번째 비주얼 시안을 프레젠테이션했다고 가정해보자. 우리가 일을 제대로 했다면, 이 시안은 느슨하고 개략적인 상태일 것이다. 특정 기능이 아니라 전반적인 분위기에 초점이 맞추어져 있을 테고, 아마도 사이트 구조가 최종 확정되기 전에 만들어졌을 것이다. 그러니 '어떤 기능이 빠졌다'는 피드백은 현재 단계에서는 불필요한 얘기다. 따라서 피드백 안내지침은 다음과 같이 만들 수 있다.

**집중할 부분**

- 전체적인 분위기(이 사이트가 고객 회사의 사이트처럼 느껴지는가?)
- 표현(언어를 올바른 방식으로 사용하고 있나? 친화적인가? 권위적인가? 신뢰가 가는가?)
- 구조(너무 복잡한가? 기대했던 것보다 단순한가?)

**무시할 부분**

- 특정 상표나 문구(왜 모든 게 라틴어로 되어 있지?)
- 빠진 요소(소식지 구독 버튼은 어디에 있는 거요?)
- 우리가 아직 보여주지 않는 것(회사 연혁 페이지에 대해 할 말이 있소만…)

그리고 고객이 피드백을 보내오기 전에 개인적 취향에 대해 짚고 넘어가는 것이 좋다. 피드백이 온 다음에 그 부분에 대해 말하면 자기가 바보 취급당한다고 느낄 수도 있기 때문이다. 예를 들면 초록색을 좋아하는 고객에게 "초록색은 매우 아름다운 색깔입니다. 촌스러운 연보라색하고는 비교할 수 없을 정도죠. 하지만 이번 프로젝트에는 어울리지 않을 수도 있습니다."라고 미리 설명하라는 거다.

피드백 안내지침은 도움이 될 정도로만 짧게 작성해라. 새로운 일을 추가로 떠안은 것처럼 부담스러울 정도로 길어지면 곤란하다. 프레젠테이션 시간에 고객과 함께 안내지침을 검토하고, 고객이 원한다면 시간을 내서 추가로 설명해야 한다. 팀의 모든 구성원이 안내지침을 숙지하고 같은 원칙 아래에서 일할 수 있도록 조치해라. 고객은 당신이 무시하라고 요청한 것까지 모두 피드백을 줄 테니, 이 점은 미리 알고 있는 게 좋다. 고객은 자신이 가장 걱정하는 부분이나 가장 편안하게 느끼는 부분에 강하게 끌리기 마련이다. 그 점에 대해서는 적절한 시간이 될 때까지 편안한 마음으로 무시하고 넘어가도 된다.

### 피드백 안내지침에서 가장 중요한 것

많은 고객이 적절한 피드백을 디자이너에게 무언가를 수정하라고 지시하는 것과 혼동한다. 많은 디자이너가 명령조의 피드백을 받으면 언제나 불평한다. 반대로 지시하는 피드백을 받지 못하면 고객이 무엇을 원하는지 모르겠다고 불평한다. 맞다, '디자이너가 까다롭다'는 평판에는 다 이유가 있다. 고객이 디자인 피드백을 주는 전문가가 아니라는 것을 다시 한 번 명심해라. 그러니 디자인에 관한 한, 해결책을 찾아야 할 사람은 고객이 아니라 당신이라는 점을 명확하게 알려야 한다. 또 해결책을 찾으라고 그들이 당신에게 돈을 주고 있다는 사실도 상기시키자.

프레젠테이션 도중에도 당신은 원칙을 고수해야 한다. 당신이 내놓은 제안에 만족하지 못한 고객이 새로운 의견을 늘어놓으며 발표에 끼어들더라도 흔들리면 안 된다. 발표 중간에 즉흥적으로 열리는 지시전달 회의는 시간을 많이 잡아먹는다. 게다가 당신은 고객의 제안이 썩 좋지 않다는 사실을 전달해야만 하는 어색한 처지에 놓인다. 그러니 고객에게 먼저 얘기해라.

"뭔가 이상하다고 느끼신다면 이유를 알려주기 바랍니다. 그러면 저희가 고치겠습니다. 저희는 합당하게 돈을 벌고 싶습니다."

그들에게 문서로 작성된 안내지침을 보내서 다시 한 번 상기시켜라. 당신도 고객이 결정한 디자인을 수행하기만 하는 처지에 놓이고 싶지는 않을 것이다. 당신을 제쳐놓고 고객이 직접 디자인하겠다고 나서는 걸 그대로 놔둔다면, 그건 당신 탓이니 아무도 원망할 수 없게 된다. 고객이 명령조의 피드백을 고집한다면 책임자와 대화해야 한다. 능력을 보고 당신에게 일을 맡겨놓고는 일을 제대로 하지 못하게 방해한다면, 그 사람은 당신에게, 그리고 당신의 디자인에 대해 무례하게 구는 것이다.

그렇다면 "명령조의 피드백은 안 된다."는 문구를 계약서에 넣으면 되지 않을까? 당신이 진심으로 원한다면 그렇게 할 수도 있을 것이다. 하지만 결과적으로 보면 안전장치도 없이 서커스를 해야 하는 아주 보기 드문 상황이 벌어질 것이다. 계약서는 법적인 문제를 다룰 때를 위해 남겨놓고, 디자인 기술과 근성으로 당신의 디자인 프로세스를 보호해라.

### 제시간에 피드백 받기

앞에서 말한 것처럼, 피드백을 받을 마감 시간을 정해라. 피드백을 요청할 때마다 고객에게 시간이 얼마나 남았는지 알려주고 마감을 지키게 해야 한다(모든 프로젝트의 성공은 이런 수많은 작은 약속에 달려 있다). 혹시 고객에게 피드백 마감 시간을 지키기 어려운 상황이 생기면, 즉시 당신에게 알려달라고 말해라. 이 규칙은 쌍방 모두에게 적용된다. 당신도 일이 생겨서 마감 시간을 지키기 어려워지면 고객에게 바로 알려야 한다. 마감을 어기는 이유는 많지만, 고객에게 알리지 않을 이유는 딱 한 가지밖에 없다. 바로 당신의 죽음이다. (어이 애송이, 인생의 팁을 공짜로 알려준 거다.)

고객이 피드백을 줄 때까지 시간을 너무 오래 끈다면, 문제를 지적하는 데 그치지 않고 자신들만의 새로운 해결책을 만들고 있을 가능성이 높다. 이는 당신이나 프로젝트 관리자가 고객과 통화해야만 하는 상황이다. 혹시 당신 팀에서 그들을 도울 일은 없는지 물어봐라. 그리고 고객에게 해결책이 아닌 질문을 가져오라고 상기시켜라. 대화는 보통 이렇게 진행될 거다.

"밥, 피드백은 언제쯤 받을 수 있나요?"
"전반적인 안내 체계가 마음에 들지 않는데, 어떻게 고쳐야 할지 모르겠소."
"흠, 그냥 왜 마음에 안 드는지 이유를 알려주세요. 그럼 우리가 해결책을 만들겠습니다. 그러라고 우리를 고용한 거잖아요."
"아, 그렇게 해주면 고맙겠네요. 우린 어찌해야 좋을지 감이 안 오거든요."

고객 대부분은 자신이 해야 할 일이라고 생각하기 때문에 문제를 고치려고 시도한다. 고객에게 직접 문제를 해결할 필요가 없다고 알려주지 않는다면, 앞으로 벌어질 상황에 대한 책임은 당신이 져야 한다.

### 고객의 피드백을 읽는 법

마침내 고객이 자신의 피드백을 당신에게 전달하는 은혜로운 날이 찾아왔다. 아, 내가 피드백을 서면으로 받으라고 말했던가? 피드백은 반드시 문서로 받아야 한다. 이메일도 괜찮다. 피드백을 받는 즉시 고객에게 그 사실을 알리고, 보내줘서 고맙다고 인사해라. 자, 그럼 이제 편히 앉아서 긴장을 풀어라. 고객의 피드백을 읽을 때는 마음을 편히 갖는 것이 중요하다. 어쩌면 먼 여행을 떠나게 될지도 모른다는 가능성에 마음을 열어두고…. 고객의 피드백은 꿈에도 생각하지 못한 곳으로 당신을 데려가기도 하니 말이다. 두 가지만 진지하게 기억해라.

- 당신과 고객 모두 최선의 의도를 가지고 같은 목표를 향해 일하고 있다.
- 고객은 대부분 피드백을 전달하는 방법에 대하여 훈련받은 적이 없다(당신에게 훈련받은 것을 빼면 말이다).

우선 당신 자신을 위해 피드백을 처음부터 끝까지 한번 쭉 읽어봐라. (당신이 팀 단위로 일한다면) 팀원들에게 큰 소리로 읽어주고 싶은 충동을 억누르기 바란다. 왜냐하면 공개적으로 고객의 피드백을 비꼬는 행위는 당신의 위신까지 깎아내리기 때문이다. 별별 이상한 얘기가 다 있을 것이다. 하지만 그들도 정말 많이 노력한 것이다. 너그럽게 봐줘라. 차분하고 긍정적인 태도로 피드백에 대해 말할 수 있다는 확신이 들기 전까지는 절대 팀원들에게 피드백을 보여주지 마라. (프로로서 조언 한마디 할까? 동업자인 에리카는 내게 며칠 동안 피드백을 보여주지 않을 때가 있다. 그러니까 '내가 행동하는 대로 따라 하지 말고, 내가 말하는 대로 하라'는 격언을 서로 실천하고 있는 셈이다.) 당신이 이제 해야 할 일은 고객의 피드백을 실행에 옮길 수 있는 형식으로 바꾸는 것이다.

### 피드백 정리하기

당신이 처음으로 해야 할 일은 피드백을 실행 가능한 것과 불가능한 것으로 나누는 작업이다. 종종 생각이 수시로 바뀌는 고객도 있다. 당신은 피드백을 샅샅이 살피고 목록 속에서 실행 가능한 것들만 골라내면 된다.

"처음에는 이 디자인이 내가 싫어하는 무언가를 연상하게 만든다고 생각했어요. 하지만 다시 봤을 때는 안 그랬어요. 그런데 이제 다시 보니 싫어지는 느낌이 또 드네요. 처음엔 아마도 내가 싫어하는 디자인이랑 서체가 비슷하기 때문이라고 생각했는데, 지금은 생각이 바뀌었어요. 그건 파란색 때문이었어요."

이런 피드백에 대고 당신이 할 수 있는 일은 아무것도 없다. 그냥 내려놓고 잊어버려라.

반대로 "전략을 수정했습니다!" 역시 피드백이 아니다. 전략 수정을 암시하는 그 어떤 말도 마찬가지다. 전략 수정이란 책임자들끼리 즉시 만나서 논의해야 할 목표의 변화이기 때문이다.

피드백과 피드백이 아닌 것을 구분했으니, 이제는 목록을 세 가지로 구분하여 만들어보자.

### 해야 할 일

이건 쉽다. 당신이 당장 바꿀 수 있는 일을 말한다.

### 의견 충돌

프로젝트의 목표에 상충하거나, 디자인을 방해하거나, 보편적인 관행에서 벗어나거나 또는 고객의 브랜드와 어울리지 않는 모든 것을 말한다. 아니면 그냥 나쁜 발상일 수도 있다. 그렇다고 나쁜 디자인을 내놓지는 마라! 목록에 제기된 모든 문제에 대해 당신의 주장을 고객에게 설명할 준비를 해라. 당신은 고객을 이해시켜야만 한다. 이건 사실 생각만큼 어려운 일은 아니다. 고객은 당신이 생각하는 것보다 이성적인 이야기에 귀를 훨씬 더 잘 기울인다. 그들을 설득해라. 이것도 일의 일부일 뿐이다.

### 설명이 필요한 것

피드백 목록에서 이해가 가지 않는 부분이 있다면 전화를 걸어서 고객에게 물어봐라. 혼자서 그들의 생각을 읽으려고 끙끙대지 마라. 이 문제에 대한 설명을 충분히 들었다면, 이제 다음 목록으로 넘어가면 된다.

당신이 팀으로 작업한다면 이쯤에서 목록을 함께 검토해도 좋다. 당신은 준비를 마쳐서 마음이 느긋해졌을 것이다. 당신이 고객에게 문제를 지적하고 의논하는 것을 보면 팀원들도 여유를 찾을 것이다. 자, 그럼 이제 고객에게 전화를 걸어라.

### 고객과 함께 피드백 검토하기

고객을 직접 만나서 이야기를 나누는 게 얼마나 멋진 일인지, 내가 말했었나? 고객을 직접 만나는 시간은 신뢰를 쌓을 기회다. 함께 일하기로 한 이유를 서로에게 상기시킬 수 있는 자리이기도 하다. 그러니 가능하다면 고객을 직접 만나라. 특히 당신이 동의하지 않는 피드백의 목록이 길다면 말이다. 직접 만날 수 없는 상황이라면 전화를 걸어라. 목소리라도 들어야 한다. 고객이 또다시 이메일로 피드백의 길고 긴 목록을 보내오는 건 당신도 원치 않겠지? 이메일은 누구나 싫어한다.

고객의 피드백에 대한 감사의 인사를 하면서 대화를 시작해라. 쉬운 것부터 짚고 넘어가라. 쉽게 승점을 쌓을 수 있다. 고객이 특별히 좋은 제안을 했다면 콕 짚어서 언급해라. 앞으로 할 얘기에 대비해서 좋은 감정을 쌓아둘 필요가 있다. 한 가지 예외가 있다. 서로 잘 알고 있지만 애써 무시해온 심각한 문제가 있다면 지금 당장 솔직하게 짚고 넘어가라. 논의할 문제 중 하나가 일정을 망가뜨리거나 앞서 동의한 결정을 없었던 일로 만들 정도로 중차대하다면 그 얘기부터 꺼내야 한다. 시간과 비용 면에서 얼마나 큰 충격을 주게 될지 고객에게 확실하게 인식시켜라.

논의사항에 대해 당신이 구사해야 할 전략은 다음과 같다. 당신의 주장을 이성적으로 제시해라. 당신이 고객의 피드백에 동의하지 않는 이유를 설명해라. 당신이 실시했던 사전조사와 자료를 이용하고, 주제와 관련된 기사를 활용해라. 그들의 결정이 프로젝트의 목표와 어긋날 수도 있다는 걸 알려라. 그래, 미적인 부분에 대해서도 얘기해라. 그게 당신이 고용된 이유 중 하나라는 걸 잊진 않았겠지? 사업적인 측면에 대해 주장하는 동시에 디자인적인 측면의 주장도 제기해라. 어쨌든 촌스러운 코퍼플레이트 폰트를 사용하겠다고 고집부리는 고객을 사업적인 근거만으로 설득할 수는 없기 때문이다.

물론 모든 싸움에서 승리하지는 못할 것이다. 하지만 당신이 시도할 때마다 이기는 횟수가 하나씩 늘어난다는 사실을 발견하게 될 거다. 더 중요한 것은 어떤 것이 싸워볼 만한 가치가 있는 싸움인지, 이길 수 있는 싸움은 무엇인지 알게 될 거라는 점이다. 흥정의 기술에 대해서도 배우게 될 것이다. 한번은 딱히 신경 쓰지도 않았던 주제를 가지고 한 시간 동안 고객과 승강이를 벌인 적이 있었다. 그리고 결국, 그가 이기게 해줬다! 왜냐하면 그 다음 주제가 내겐 매우 중요했기 때문이다. 고객은 이미 지친데다 승리를 만끽하느라 내가 다음 얘기를 꺼내자마자 바로 동의했다. 논쟁도 디자인해볼 만하다는 생각이 들지 않는가.

고객과 피드백을 검토한 후에는 당신의 결정을 문서로 꼼꼼하게 기록해라. 또 앞으로의 방향에 대해 고객도 당신과 같은 생각을 하고 있다는 점을 인정하는 답변을 받아라.

### 고객이 디자인 시안을 보내올 때

내가 이 문제를 언급하지 않고 그냥 넘어갈 줄 알았나? 후식으로 남겨놓았다. 피드백을 디자인 시안 형태로 받는 것처럼 도움이 안 되는 경우도 없다. (그 시안이 포토샵이든, 파워포인트이든, 워드든 말이다.) 정말로 아무런 도움이 안 된다. 진심이다. 나는 10년 가까이 뮬 디자인을 운영하면서 딱 한 번 고객을 내친 적이 있는데, 바로 이 이유 때문이었다. (딱 한 번이었다. 비능률적일 뿐만 아니라 계약위반이라고 여러 번 알렸는데도 그 고객이 끈질기게 디자인 시안을 계속 보내왔기 때문이다.)

당신이 할 수 있는 가장 좋은 방법은 문제가 발생하기 전에 싹을 잘라두는 것이다. 계약서에 명시해라. 하지만 지금은 뒷주머니에 넣어서 안전하게 보관해라. 아직 계약서를 꺼내들 시기가 아니다. 앞에서 얘기한 것처럼 계약서는 당신의 안전망이고 생명줄이기 때문에 마지막까지 아껴둬야 한다. 그 대신 당신의 디자인 도구함에 들어 있는 여러 가지 기법을 써서 이 문제를 피할 수 있을 것이다. 이를테면 당신의 엄청난 설득력 같은 도구 정도면 어떨까?

피드백을 요청할 때 "이상하게 느껴지는 부분이 있다면 지적해주십시오. 그리고 그 이유를 가능한 한 세세한 부분까지 설명해주십시오."라고 말했던 것을 고객에게 다시금 상기시켜라. 프로젝트를 시작하면서 서로 합의했던 목표와 연결되는 피드백을 달라고 요청해라. 그들이 왜 이런 피드백을 내놓게 되었는지, 그 이유에 대한 논리적인 설명이 이 문제를 해결하는 데 핵심적인 역할을 할 것이기 때문이다. 그런데 고객이 이런 설명 과정을 생략한 채, 그냥 닥치고 자기들이 지시한 대로 일하라고 한다면 이건 보통 심각한 문제가 아니다. 만약 피드백을 디자인 시안 형태로 받는다면, 상황이 더 끔찍해진다. 그들이 보낸 시안 전체를 하나하나 분해해서 의도를 파악하고, 각각의 요소를 알아낸 다음, 그 시안을 모방해서 해결책을 찾아내야 한다는 뜻이기 때문이다. 그렇게 되면 시간도, 예산도 낭비될 수밖에 없다.

고객이 막무가내로 나올 수도 있다. 이제 계약서를 재빨리 꺼내서 고객의 머리를 후려쳐도 될까? 아직은 아니다. 당신의 목표는 언제나 그렇듯이, 우호적인 해결책을 찾아내는 것이 먼저다. 일단 미묘한 뉘앙스에 주목해서 고객의 진의를 파악해야 한다. 의사를 전달하기 위한 시안과 대체하기 위한 시안이 다르기 때문이다.

우선 고객이 당신의 디자인 시안을 가져다가 되는 대로 잘라서 각각의 요소를 이리저리 움직이고, 이것저것 갖다 붙이고, 다른 사이트에서까지 무언가를 가져온 경우를 보자. 그것은 아마도 당신에게 의사를 전달하고 싶다는 신호일 것이다. 그래, 물론 더 나은 방법도 있긴 있다. 하지만 이건 당신에게 메시지를 전달하려는 간절한 몸부림이다. 당신도 해결책을 설명하는 것보다는 보여주는 편이 아마 더 쉬울 것이다. 그렇지 않나? 고객이 보낸 시안도 비슷한 경우다. 그들에게 악의가 있어서 그런 게 아니다. 하지만 그렇다고 해도 이는 상당히 골치 아픈 상황이다. 고객 입장에서는 요점을 전달하기에 가장 편한 방법인지 몰라도, 당신한테는 도움이 안 되는 방법이라는 점을 고객에게 한 번 더 상기시켜라.

이 경우엔 같이 앉아서 얘기를 해보는 게 좋다. 고객과 함께 시안을 처음부터 천천히 훑어보면서 "왜 그렇게 바꾸었는지 변경사항에 대한 이유를 설명해주십시오."라고 요청해라. 이건 서로에게 좋은 훈련이 될 것이다. 고객은 시안을 보낼 때 자신들이 원하는 바를 말로 전달할 수 없다고 느꼈거나, 아니면 당신이 그 내용을 이해하지 못할 거라고 느꼈을 수도 있다. 같이 훑어보면 두 가지 문제를 다 해결할 수 있다.

앞의 경우와 달리, 당신이 발표한 디자인 시안과는 완전히 다른 형태의 시안으로 피드백을 보내왔다고 가정해보자. "우리가 바란 건 사실 이런 것이었어요." 이런 상황은 대부분 고객 회사의 내부 디자이너가 외주 디자인 업체와 일하는 것에 불만이 있을 때 발생한다. 처지를 바꿔놓고 생각해보자. 당신도 똑같은 일을 저지를 수 있다. 하지만 그렇게 행동하지는 마라. (내부 디자이너와 함께 일하는 법은 뒤에서 다루도록 하겠다.)

내가 당신에게 첫 번째로 던질 질문은 '당신이 내부 디자이너의 존재 여부를 알고 있었나?' 하는 것이다. 알고 있었다면 초기 단계에서 그를 협력자로 만들었어야 했다. 그의 존재를 몰랐다면 당신이 할 일을 제대로 다 하지 못한 셈이다. 어찌 됐든 당신은 곤경에 처했다. 당신이 이미 얻어낸 일을 놓고 다른 사람과 경쟁해야 하는 처지에 놓였기 때문이다. 이건 받아들일 수 없는 일이다. 어떤 상황에서도 고객이 보내온 새 시안에 대해 논의하지 마라. 논의를 시작하는 순간, 당신은 그 시안의 존재를 인정해버리는 꼴이 된다. 보내온 시안을 옆으로 밀쳐놓아라. 당신이 팀에서 일하고 있다면 팀장이 해결해야 할 일이다. 책임자급이 나서서 대화해야 할 만큼 중요한 사안이기 때문이다.

고객이 일을 맡기려고 당신을 고용했다는 점을 상기시켜라. '당신은 더 이상 이 일을 완수할 능력이 없다'고 고객이 느낀다면 심각하게 논의해야 한다고 말해라. 그 다음에 고객이 계약서에 서명한 대로 행동할 의지가 있는지 지켜봐라. 그들이 그렇게 한다면 잘된 일이다. 여전히 그 내부 디자이너를 처리할 전략이 필요하긴 하지만 말이다. 나라면 그를 가까이에 두라고 제안하겠다. 합의를 이끌어낼 수 없다면 일을 그만둘 각오를 해라. 하지만 절대로, 절대로 일을 그만두겠다고 말로만 협박해서는 안 된다. 일을 그만두거나 계속하거나 당신이 선택할 수 있는 건 두 가지 중 하나다. 하지만 당신이 이미 일을 하기로 계약한 상태에서 맡은 일을 놓고 새로 경쟁을 벌여야 한다면 일의 성격이 바뀐 것이다. 그땐 변호사와 상의할 시간이 온 것이다.

## 긍정적으로 마무리하자

고객의 99퍼센트는 정직한 의도를 가진 좋은 사람이다. 매번 완벽한 피드백을 주지는 않겠지만 그들의 의도는 선량하다. 당신과 함께 끝내주는 일을 하겠다는 목표를 공유하고 있다. 상호존중이 바탕에 깔려 있는 한, 프로세스 중에 어쩔 수 없이 발생하는 약간의 문제쯤은 극복할 수 있다. 사소한 문제는 항상 생기기 마련이니까.

지난 10년 동안 뮬 디자인을 운영해오면서 우리는 고객이 들고 온 수많은 시안을 처리해왔다. 하지만 그것 때문에 프로젝트를 그만둔 것은 단 한 번뿐이었다. 그리고 우리는 그 고객에게 고집을 꺾을 기회를 여러 번 주었다. 그 일을 통해서 우리는 위대한 교훈을 일찌감치 배우게 되었다. 어쩌면 당신에게는 그런 상황이 벌어지지 않을지도 모른다. 하지만 만약 그런 일이 생긴다고 해도, 이제 당신은 그 문제를 해결할 수 있는 노하우를 가지게 되었다.

**CHAPTER 9**

# 못 받은 돈 받아드립니다
⋮
### 돈을 제때 받아내는 법
GETTING YOUR MONEY

'실수를 저지르자 Let's Make Mistakes'라는 이름으로 팟캐스트를 시작한 이래, 케이티 길리움 Katie Gillium과 나는 이런저런 조언을 원하는 디자이너들로부터 수많은 이메일을 받았다. 대부분 일을 시작한 지 얼마 되지 않은 젊은 디자이너들한테서 온 것이었다. 주제는 "어디서 고객을 구하죠?"처럼 고객과 관련된 질문부터 "콘셉트 작업에 시간을 얼마나 들여야 할까요?" 같은 기술적인 질문까지 다양했다.

하지만 압도적으로, 정말 압도적으로 많은 질문은 따로 있었다. 결제가 늦어진다는 슬픈 이야기이거나 아예 돈을 받지 못했다는 비극적인 이야기였다. 그중에서 가장 처량한 이야기는 고객이 '조금만 더 일해주면 돈을 주겠다'며 디자이너를 꼬드기는 사례였다. 디자이너가 돈을 받지 못해 쩔쩔매는 것도 속상하지만, 돈을 받아내기 위한 노력을 제대로 하지 않는 것도 사실 보기 싫다.

결제가 늦어지는 것을 막는 가장 좋은 방법은 애초에 조치를 취하는 것이다. 돈이 제때 정상적인 속도로 들어오게 하는 비결이 뭔지 아나? 당신에게 유리한 기간 조건과 명확하게 정의된 동의사항, 그리고 무엇보다 중요한 요인인 고객과의 탄탄한 관계 형성, 이 세 가지를 잘 조합하는 것이다. 월세를 어떻게 충당할지 걱정하는 것만으로도 끔찍한데, 월세 낼 돈을 열심히 벌어놓고도 여전히 걱정해야 하는 상황은 더욱 끔찍하다. 하지만 당신이 철저하게 대비해도 뒤통수를 맞을 때가 종종 있다. 가령 고객 회사가 조직개편을 하거나 다른 회사에 인수되기도 하고, 프로젝트가 우선순위에서 밀리기도 하는 등…. 하지만 당신이 어찌할 수 없는 상황이라도 시스템만 제대로 작동한다면 이런 위기는 없을 것이다. 뿐만 아니라 디자인비를 챙겨서 빠져나올 수도 있다.

내가 겪었던 일 한 가지를 이야기해볼까? 몇 년 전에 우리 팀은 꽤 큰 회사의 새로운 부서와 프로젝트를 진행하고 있었다. 우리는 철저하게 이에 대비했고, 고객도 탄탄했다. 예산은 별 흥정 없이 적절한 시기에 통과되었고 계약서도 마찬가지였다. 고객팀은 주관이 뚜렷하고 똑똑했다. 지금 생각해봐도 가장 마음에 드는 팀 중 하나로 손꼽을 정도다. 같이 일하는 게 즐거웠던 고객이었다. 프로젝트가 시작되고 몇 달 동안은 일이 순조롭게 진행되었다. 서로 진심으로 일을 더 잘하게끔 자극하고 격려하는 몇 안 되는 프로젝트 중 하나였다. 고객이 프로젝트를 확장하겠다고 결정할 정도로 말이다. 우리는 흥분했다. 우리는 변경 주문서를 전달했고 고객은 구두로만 동의하고 아직 서명하지는 않은 상태였다.

하루는 회의를 위해 고객의 사무실을 찾았는데 분위기가 이상하리만큼 썰렁했다. 우리는 빈 회의실로 안내되었고, 담당자가 올 때까지 기다리라는 통보를 받았다. 처음에는 우리가 잘리는 게 아닐까 생각했다. 하지만 뭔가 딴 일이 벌어지고 있다는 걸 곧바로 눈치챘다. 왜냐하면 한창 일할 시간인데도 사무실에 직원들이 보이지 않았기 때문이다. 우리는 30분 정도를 기다렸다. 길고 긴 얘기를 짧게 줄여 말하자면, 회사가 우리와 함께 일하던 팀 전체를 정리해고했던 것이다.

그 회사의 결정을 비판할 생각은 없다. 그들도 자기네 방식대로 회사를 운영할 권리가 있으니까. 회사 부회장이 상황을 설명했을 때 가장 먼저 떠오른 감정은 함께 일했던 사람들에 대한 안타까운 마음이었다. 그다음에는 이번 프로젝트에 내가 쏟아부은 엄청난 양의 자원에 대해 심사숙고해야 한다는 생각이 들었다. 우리가 받아야 할 돈이 많았기 때문이다.

부회장이 이야기를 마치며 내게 물었다.

"질문이 있나요?"

"지금은 괜찮습니다. 감사합니다."

그다음엔 신경이 곤두서게 만드는 전화통화가 이어졌다. 우선 우리 변호사에게 전화를 걸었더니, 그는 받아야 할 돈에서 절반이라도 건지면 다행일 거라고 대놓고 말했다. 아직 처리되지 않은 상태로 회사 내부를 떠돌고 있을 변경 주문서는 제외하고라도 말이다. 고객 측 변호사가 전화를 걸어와서 우리와 합의하려고 했다. 그래서 우리 측 변호사와 얘기하라고 말했다. (꼭 기억해둬라. 변호사는 변호사하고만 얘기해야 한다는 걸.) 그리고 정말 믿기지 않을 만큼 운 좋은 일이 벌어졌다. 회사 측이 일을 마무리하기 위해서 해고한 고객 팀원 중 한 사람을 사무실에 몇 주간 남기기로 한 것이다. 그녀는 우리를 돕고 싶어했다. 우리를 옹호해주었을 뿐만 아니라, 변경 주문서를 찾아내서 그 서류가 처리되도록 도와주었다.

놀랍게도, 우리는 받아야 할 돈을 모두 다 받았다. 애초에 우리가 안전장치를 만들어놓았고, (계약서 말이다.) 우리 측 변호사가 고객 회사 측 변호사에 대응해서 일을 잘 처리했다. 게다가 조직 내부에 든든한 협력자, 다시 말해 그동안 좋은 작업을 함께 진행해왔기 때문에 우리를 위해서 기꺼이 총대를 매줄 고객이 있었다. 이 세 가지 요인 중 하나라도 없었다면 나는 인건비를 맞추지 못했을 것이고, 나 역시 직원들을 해고해야만 했을지도 모른다. 디자인 프로세스에서 계약서가 얼마나 중요한지는 이미 앞에서 언급했다. 하지만 계약서는 상황이 나빠졌을 때 당신을 보호해주는 법률적인 서류일 뿐, 궁극적으로 당신은 일이 순조롭게 진행되어 적절한 시기에 우호적인 분위기에서 돈을 받기를 원하는 것 아니겠는가.

이런 얘기를 계속해서 모두가 우울해지기 전에 몇 가지 안전수칙과 현실적인 내용을 짚고 넘어가도록 하자. 고객은 대부분 돈을 지불한다. 그리고 그중 대부분은 시간을 어기지 않는다. 고객 중에서 돈을 늦게 지불하는 비율은 낮다. 사실 아주 적은 수의 고객만이 돈을 내지 않고 도망친다. 누구나 적어도 한 번쯤은 당하기 마련이다. 나도 몇 번 당해봤다. 만약 내가 그런 일을 당해보지 않았다면, 당신에게 어떤 조언을 해야 할지 몰랐을 것이다. 사전조사부터 시작해야 한다는 점에서, 지불 절차는 디자인 작업과정과 크게 다르지 않다.

### 미리 조사하고 대비해라

얼마나 빨리 돈을 받아낼 수 있는가 하는 문제에 대해 당신은 짐작하는 것보다 실제로 더 많은 힘을 갖고 있다. 돈을 받는 시기에 영향을 끼치는 모든 요인을 이해하고 있는가? 그것이 당신의 해결 능력을 키우는 첫 번째 단계이다. 사전조사를 하고 세부사항에 주의를 기울여라. 명백한 사항을 놓치지 마라.

**그들은 당신에게 지급할 만큼의 돈이 있는가**

프로젝트를 맡았다는 기쁨과 전염성 강한 고객의 매력에 빠져들어서 작업에 몰입하다 보면, 고객이 당신에게 지급할 돈을 충분히 가지고 있는지 확인하는 것을 잊어버릴 수 있다. 고객이 창업기업이거나 새로운 기업을 계속해서 설립하는 창업자라면 특히 조심해라. 잇따라 기업을 창업하는 '연쇄 창업가'는 사람들에게서 돈을 빼가는 전문가이다. 물론 훌륭한 기술이긴 하지만, 당신 말고 억만장자인 벤처투자자에게나 써먹으라고 해라.

"이제 곧 1차, 2차 투자유치가 완료될 겁니다."라는 연쇄 창업가의 말은 "아직 돈이 없어요."라는 뜻이다. 물론 당신은 새로운 일을 맡게 돼서 기분이 좋겠지만, 고객이 자금을 마련해야만 비로소 돈을 받을 수 있는 위치에 제 발로 걸어가지는 마라. 그것은 당신만의 싸움이 아니다. 당신에게는 유지해야 하는 사업체와 월급을 줘야 할 직원들이 있지 않은가.

**당신에게 줄 돈은 어디에서 나오는가**

고객이 돈을 가지고 있는 것만으로 아직 안심하기엔 이르다. 당신에게 줄 시점에 고객이 돈을 갖고 있어야 하고, 또 그 돈을 당신 몫으로 배정해두어야 한다. 회사가 이번 프로젝트를 위해 예산을 따로 빼놓았나? 일반적으로 큰 회사들은 예산을 미리 할당해놓는다. '엄청나게 큰 세계적인 회사'가 당신에게 일을 맡기겠다고 전화를 해오면 이미 예산을 배정했을 확률이 높다. 하지만 '조의 새로운 냅킨 창업회사'가 전화한다면, 예산이 있을 수도 있고 없을 수도 있다는 얘기다. 그 부분을 확실하게 알아내는 것은 당신의 몫이다. 어떻게 하느냐고? 물어봐라. 디자인 수주 과정에서 반드시 물어봐야 할 질문 두 가지는 다음과 같다.

"예산은 얼마나 됩니까?"
"예산은 승인받았습니까?"

이 중 한 가지라도 질문하는 게 어색하게 느껴진다면 첫 페이지로 돌아가서 책을 다시 읽어라. 돈 문제를 얘기하는 것에 편안해질 때까지 계속 반복해라.

고객이 이런 질문에 움찔한다면 문제가 있는 것이다. 대체로 그들을 화나게 하는 건 첫 번째 질문일 것이다. 어떤 고객은 당신이 자신에게 예산을 털어놓도록 '꼬득여서' 그들의 예산에 맞춰 견적 액수를 제시할 거라고 생각한다. 당신도 알고 있겠지? 그들 생각이 맞다. 만약 고객이 2억 원을 가지고 있고 내가 그 금액이 적당하다고 느낀다면, 나는 2억 원짜리 디자인이 무엇인지 보여줄 수 있다. 고객에게 4천만 원이 있다면, 4천만 원짜리 디자인을 만들 수 있을지 노력해볼 것이다. 하지만 그 두 가지는 서로 다른 디자인이 될 것이다. 고객이 2억 원을 가지고 있다는 것을 내가 안다고 해서, 4천만 원짜리 디자인에 2억 원을 청구하진 않는다는 말이다.

하지만 고객에게 예산이 4천만 원밖에 없는데 내가 2억 원짜리 디자인을 만들어야 할 때는 정말로 난처해진다. 그건 시간 낭비일 뿐이다. 그러니까 고객이 예산을 얼마나 가지고 있는지 알아내야 한다. 고객은 혼다 시빅<sup>Honda Civic</sup>을 살 돈밖에 없는데, 내가 아우디를 보여주는 상황을 피하려면 말이다. 당신이 돈에 대한 얘기를 꺼내는 걸 어색하게 느낄수록, 경험이 부족한 고객들도 당신 질문에 대답하는 게 어색하게 느껴질 것이다. 반대로 고객이 경험이 풍부한 경우라면, 당신을 신뢰하지 않을 가능성이 높아진다.

회사 내부에 혹시 예산이 전액 삭감될 수도 있는 일이 벌어지고 있지 않나? 아니면 회사가 아예 문을 닫지 않을까? 그들의 사업은 어떤 수입을 기반으로 운용되고 있나? 벤처투자자의 자본인가? 광고 수입? 혹시 콘텐츠 이용료를 기반으로 하나? 100년 전이나 200년 전쯤에 벼락부자가 쌓아둔 현금을 보유하고 있는 재단인가? 고객이 벤처 투자를 받은 창업기업이라면, 마지막 투자 시점은 언제인가? 당신이 참여하게 되는 시점은 투자 회차의 앞부분인가, 뒷부분인가? 이사진이 자금을 풀어야 하는 상황인가?

이런 질문 중 몇몇은 정말 믿을 수 없을 만큼 알아내기 쉽다. 당신이 제대로 묻기만 하면 대부분 그냥 말해줄 것이다. 심지어 당신이 이런 질문을 던지면, 고객은 제대로 된 질문을 할 줄 아는 똑똑한 사람에게 디자인을 맡겼다며 자랑스러워할지도 모른다. 어떤 대답은 뉴스나 블로그, 혹은 당신의 넓은 인맥을 통해 얻을 수 있다. 필요한 대답을 모두 얻어낼 수는 없겠지만, 대부분은 알아낼 수 있다. 그리고 질문하지 않는 경우보다는 확실히 더 많은 대답을 얻어낼 수 있을 것이다.

### 청구서 승인 절차

고객의 회사에 당신과 함께 일할 돈이 있다는 판단이 서면, 이제 누가 돈을 내는지 알아낼 차례다. 작은 조직일수록 담당자가 누군지 알아내기 쉽지만, 큰 규모의 조직이라고 불가능한 것만은 아니다. 그렇다고 실제로 지불이 늦어질 때까지 기다리지는 마라. 프로젝트를 위한 사전조사 차원에서 미리 알아내라. 고객의 일반적인 지불 절차는 어떤가? (아예 절차가 없다면 당신에게 좋은 일일 수도 있다.) 물론 지불 절차를 이해하기 위해서 고객 회사의 온라인 회의 동영상까지 볼 필요는 없다.

어릴 적에 우유가 어디에서 오는지에 대한 영상을 본 기억이 나나? 동이 트면 수탉이 울고, 농부인 빌 아저씨는 양동이 두 개를 들고 외양간으로 베시$^{Bessie}$를 만나러 간다. 베시는 군대에서 만들어낸 엄청나게 복잡한 기구인데, 동시에 수천 마리의 젖소에게서 젖을 짜낸다. 그동안 빌 아저씨는 우유 생산시설이 한눈에 내려다보이는 창문이 있는 사무실에서 에어론 의자에 앉아 경제 기사를 읽는다. 얼마나 많은 우유가 생산되고 있고 어떤 젖소의 생산량이 예상치를 밑도는지 알려주는 제어판을 관리하면서 말이다.

영상은 우유 생산 프로세스의 개별 과정을 보여준다. 우유는 젖소로부터 나와서 저온 살균기를 거쳐 유리병에 담기고, 뚜껑이 달린 채로 대형 나무상자에 담겨 트럭에 실린다. 그리고 슈퍼마켓에 내려지고, 엄마가 우유를 집어 들고, 결국 어떤 꼬마가 마시게 된다. 말하자면 청구서 승인 절차도 이와 비슷하다. 고객 회사의 규모가 아주 작다면 빌 아저씨 고객님이 청구서를 자기 책상으로 가져가서 수표를 꺼내 쓰고 당신에게 바로 그 수표를 건네줄 수도 있다. 아주 드문 일이지만 말이다.

대부분 청구서는 힘들고 복잡 미묘하며 다양한 단계를 거치게 된다. 그 과정에서 언제라도 청구서가 엉뚱한 곳으로 보내지거나, 엉망진창으로 난도질 되거나, 혹은 완전히 사라져버려서 당신의 앙증맞은 고사리손에 돈이 들어오지 못할 수도 있다. 따라서 청구서를 제출하면 정확하게 어떤 절차를 통과하게 되는지 알아내는 게 가장 좋다. 어느 시점에 누가 청구서를 관리하고, 당신과 당신의 우유병(청구서 말이다!) 사이에 얼마나 많은 과정이 존재하며, 돈을 받는 것에 대한 당신의 선택권은 무엇인지, 또 어떻게 잘못될 수 있는지를 말이다. 과정이 많아질수록 병목현상이 생길 가능성도 커진다.

당신이 '사용자'가 아닌 실제 사람들을 염두에 두고 사이트를 디자인하는 것과 마찬가지로, 돈을 '회계팀'에게서 받아내려고 해서는 안 된다. 당신은 잭이나 도로시, 스텔라 같은 '사람들'에게서 돈을 받아야 한다. 아무리 크고 악독한 기업에도 엄마와 아빠가 근무하고 있다. 가서 그들을 친구로 만들어라. 밀크셰이크라도 같이 마시든지!

### 조직의 구조가 가장 큰 결정 요소다

작은 회사일수록 자기네처럼 작은 회사에 돈을 빨리 줘야 한다는 점을 이해하는 경향이 있다. 고객 회사의 규모가 작다면 (별도의 경리 담당자를 두지 않을 가능성이 크므로) 당신에게 돈을 지불할 책임이 있는 사람과 함께 일하고 있을 수 있다. 아니면 그 역할을 하는 사람을 한 번이라도 만나 볼 기회가 있었을 것이다. 작은 회사 중에는 심지어 지불 절차가 없는 경우도 있다. 그러면 일은 아마 다음과 같이 둘 중 하나로 진행될 것이다. 당신이 당장 돈을 받기 위해 그들을 설득할 수 있거나(나는 이 방법을 전적으로 지지한다), 혹은 청구서가 누군가의 책상에 방치되어 있거나. 만약 고객 회사에 지불 절차가 있다면 두 칸 너머 앉아 있는 책임자를 설득해서 당신의 순번을 앞으로 바꿔달라고 하면 된다.

큰 회사는 작은 회사보다 부서가 더 많고, 지불 절차의 융통성이 떨어지며, 지불 책임자가 누구인지 알아내기도 쉽지 않다. 그렇다고 누가 책임자인지 알아내는 게 불가능한 일은 아니다. 다만 회계 팀의 베티와 친구가 된다고 해도, (당연히 그러는 게 좋을 거다.) 그녀 혼자서 큰 조직의 지불 절차를 바꿀 수는 없다. 하지만 당신이 지불 절차를 들여다볼 수 있도록 도와줄 수는 있을 것이다. 또한 일을 더 빨리 처리하게 만드는 정보와 요령을 알려주는 훌륭한 우군이 될 수도 있을 것이다.

돈을 받고 싶다고 해도, 절대로 베티를 건너뛰어 그녀의 상사를 직접 만나지는 마라. 그녀의 세계를 잘못 건들게 되는 꼴이다. 그녀는 당신의 청구서 처리를 영원히 지연시킬 것이다. 게다가 당신이 저지른 일은 쓰레기 같은 행동이다. 나중에라도 그 회사와 다시 일하기를 희망한다면, 당신과 당신이 받을 돈 사이를 가로막는 적대적인 문지기를 얻게 되는 일일 테니. 영원히.

**기간 설정하기**

초보 디자이너에게 '기간' 또는 '텀term'이란, 돈을 받기까지 기간이 얼마나 걸릴지에 대한 고객과의 동의를 의미한다. 내 생각에, '텀'이란 터미널terminal의 줄임말인 것 같다. 당신에게 불리한, 다시 말해 당신이 월세를 제때 낼 수 없는 기간 조건에 동의한다면, 버스 터미널에서 자야 할지도 모른다는 소리다.

기간 조건은 넷net15, 넷30, 넷45, 그리고 유머에 목마른 코미디 팬들을 위한 넷60처럼 놀랄 만큼 인간적인 단어로 언급된다. (한 번은 고객이 사탕발림으로 우리를 넷90에 동의하게 하려고 했다. 그리고 그 일은 당신이 예상하는 대로 순탄하게(!) 진행되었다.) 넷 뒤에 붙는 숫자는 실제 지불 날짜에서 청구서상의 날짜를 뺀 숫자를 의미한다.★ 고객 회사의 규모가 클수록 숫자는 커진다. 당신이 월세와 공과금을 제때 내려면 넷15 같이 숫자가 작을수록 좋다는 것을 알아차렸을 것이다. 반대로 고객은 그 돈을 당신에게 주는 대신 은행에 예금해서 이자를 받는 게 유리하기 때문에 넷60처럼 큰 숫자를 원한다.

당신에게 불편한 기간 조건에는 합의하지 마라. 협상해라. 언제나 그렇듯이 양쪽 모두 자신에게 이익이 되는 기간을 설정하려고 노력할 것이다. 당신이 넷15를 제안했더니 고객이 넷60으로 받아쳤다 치자. 당신은 이제 어떻게 해야 할

★ '넷net'은 우리나라의 어음과 비슷하다. 예를 들어 한 기업이 다른 기업에 돈을 지불할 때 30일 어음을 발행했다면 30일 이후에 대금을 지급한다는 의미이다.

까? 넷30으로 받아칠 거라고? 누가 당신에게 협상하는 법을 가르쳤지? 넷15를 고수해라. 눈 하나 껌뻑이지 마라. 당신이 넷30으로 맞받아치면 결국 넷45에 머무르고 말 테니 말이다. 기억해라. 그들은 30일치 이자를 더 받으려고 싸운다. 당신은 회사를 유지하기 위해 싸운다. 그리고 당신이 회사를 유지하는 일은 프로젝트를 완성하는 데 필수 조건이다. 당신이 재정 문제가 아닌 디자인 작업에 집중할 수 있도록 고객이 돈을 지불하는 게 모두에게 최선이다. 당신 회사를 위태롭게 만드는 지불 조건은 절대로 받아들이지 마라.

넷 날짜 말고도 협상할 수 있는 것들이 있다. 지불 횟수를 협상할 수도 있다. 때로는 여러 번에 걸쳐 적게 돈을 나누어 받는 것이 한두 번에 큰돈을 받는 것보다 낫다. 그리고 청구 금액이 특정 금액 이하라면, 더 나은 기간 조건으로 협상할 수도 있다. 당신 입장에서는 프로젝트가 크면 클수록 금액을 적게 쪼개서 더 자주 청구하고 싶어질 거다. 그렇지 않다면 몇 달 동안 한 푼도 받지 못하고 일을 해야만 하는 상황이 벌어질 수 있을 테니 말이다. 또 청구할 때마다 지급이 늦어지면 그만큼 위험 요인도 증가할 수밖에 없다. '풍요 아니면 빈곤'이라는 시나리오는 피하는 것이 좋다.

당신에게 돈을 주는 걸 마치 큰 호의라도 베푸는 것처럼 행동하는 회사들을 조심해라. 서로 공정하게 합의한 금액에 따라 당신의 소중한 서비스를 제공하고 있다. 잠재적 고객이 돈에 대해서 우스갯소리를 하기 시작하면, 일이 더 진전되기 전에 빨리 빠져나와라. 당신이 하는 일을 그들이 소중하게 생각하지 않는다는 사실을 보여주는 증거이기 때문이다. 틀림없이 그들은 당신에게 돈을 주는 것을 억울하게 여길 것이다. 무엇보다 그저 일을 따내고 싶은 마음이 앞선다고 해서 불리한 기간 조건을 덥석 받아들이지는 마라. 가난보다 더 나쁜 것도 있다. 가난한데다 남에게 시간까지 바쳐야 하는 상황 말이다.

### 지불단계를 체계화하라

우리는 착수금, 그러니까 보증금을 받고 일하는 특별한 업종에 종사하고 있다. 업계 기준이 그러하니, 누가 보증금 없이 일하자고 해도 설득당하지 마라. 고객 대부분은 선금을 내는 데 동의할 것이다. 몇몇은 불편한 내색을 내비치기도 한다. 그거 알고 있나? 그들이 당신의 경험 부족을 이용하고 있다는 사실을.

주문 제작에 팀의 자원이나 개인의 시간처럼 상당량의 자원을 배정해야 하는 업종은 돈을 떼일 위험부담을 안고 있다. 물론 보증금을 통해 위험부담을 줄일 수 있다. 디자인은 주문 제작업종이다. 당신이 고객이라고 가정해보자. 당신의 필요에 알맞게 특별히 무언가를 제작하는 사람이라면 누구나 선금을 요구할 것이다. 당신의 재단사, 출장 요리사, 건축가, 어린이 야구단을 위해 유니폼을 만드는 사람, 주문 제작 자전거를 조립해주는 사람 모두가 당신만을 위해서 특별히 제품을 만든다. 만약 당신이 주문해놓고는 돈을 안 내고 줄행랑을 친다면, 당신 대신에 해당 상품을 사줄 수 있는 사람들은 그 숫자가 아주 적거나 아예 없을 것이다. 그들과 마찬가지로 당신이 디자인하는 것도 원래 주문한 고객이 아닌 다른 사람에게 팔 수 없는 상품이다.

재단사를 찾아가서 양복을 위해 치수를 재면, 그는 당신이 선택한 옷감으로 당신에게 꼭 맞는 양복을 만들 것이다. (내가 재단사 비유를 얼마나 많이 하고 있는지 혹시 눈치챘나? 이건 마치 무의식적인 메시지 같다.) 당신이 악하게 굴기로 마음먹고 양복을 찾으러 가지 않으면, 재단사는 당신과 체형이 똑같고 취향마저 똑같은 사람을 찾아내야 하는 난처한 상황에 부딪히고 만다. 그런 사람을 찾는 건 거의 불가능에 가깝다. 재단사는 그런 일에 금쪽같은 시간을 들이는 대신에 손해를 감수할 것이다. 아, 그냥 양복을 꿀꺽해 버리면 되겠네. (아, 물론 글자 그대로 해석하면 안 된다. 식성이 정말 양복을 먹을 만큼 '독특한' 경우를 제외하고는 말이다.) 따라서 재단사는 손실의 위험을 최소화하고 당신이 약속을 지키게 하려고 보증금을 요구할 것이다. 당신이 돈을 내면 이제는 양쪽의 이해가 걸린 일이 된다.

재단사는 시간과 재료를 투자하고, 당신은 어느 정도의 돈을 투자한다. 재단사가 똑똑하다면 치수를 잴 때 한 번 더 돈을 달라고 할 것이다. 이런 방법을 택하면 재단사는 양복을 제작하기 위해 다양한 단계를 거치는 동안 들어가는 시간을 보장받고 잠재적 손실을 최소화할 수 있다. 양복이 완성되면 당신은 마지막으로 돈을 지급하고 양복을 가져온다. 영수증도 함께 받아온다. 내가 든 비유에서 영수증을 받아온다는 건 지적 재산권이 재단사로부터 당신에게 넘어온다는 것을 뜻한다.

맞춤 양복이 아니라 항해에 대한 비유를 사용했다면, 항해사가 밧줄을 풀면서 매듭을 묶었다고 말했을 것이다. 혹시 밧줄이 풀리더라도 마지막 매듭에 걸려서 완전히 끝까지 풀리지는 않도록 말이다. 역시 항해보다는 양복을 맞추는 비유가 더 낫겠지?

지불되는 돈이 명확한 시점과 연결되도록 계약서를 작성해라. '고객이 홈페이지에 만족하면'은 명확한 시점이 아니다. 명확한 시점이란 달력에 써놓을 수 있는 날을 말한다. 고객은 '회의에서 논의를 했는지'보다는 '어떤 것에 승인이 떨어졌는지' 여부에 대해 훨씬 더 오랫동안 언쟁을 벌이며 시간을 끌 가능성이 높다. 당신이 정한 시점이 마지막 디자인 프레젠테이션이라면, 회의가 끝나자마자 바로 청구서를 보낼 수 있다. 그러니 지불과 관련된 시점은 당신이 원하는 대로 관리할 수 있도록 해라. 당신이 사이트를 가동할 권한을 갖고 있지 않다면 '사이트 론칭'이라는 시점은 최악의 시점이 될 것이다.

지급 시점을 통계와 연결 짓지도 마라. 세상에는 확실한 것이 없다. 사전조사와 디자인, 개발과 테스트까지 제대로 했다고 해도 당신이 통제할 수 없는 상황이 발생해서 세상이 뒤집어질 수 있다. 당신이 그런 타격까지 감수할 수 없고 해서도 안 된다. 지금 이 글을 쓰는 시점까지 금융당국이 소규모 독립 디자인 회사들을 긴급 구제해준 적은 단 한 번도 없었다. 그리고 내 생각엔 앞으로도 그럴 일은 없을 것이다.

뮬 디자인에서는 프로젝트를 진행할 때 대체로 서너 번에 걸쳐 돈을 받을 수 있도록 조치한다. 먼저, 계약서에 서명하는 대로 착수금을 받는다. 당신도 착수금 없이 프로젝트를 시작하지 마라. 만일 그렇게 한다면 당신이 가진 협상력을 모두 잃고 넷30에 만족해야 할지도 모른다. 우리는 착수금을 받지 않으면 첫 번째 미팅에 참석하지 않는다. 유일한 예외는 큰 회사나 공공기관(학교, 주 정부 같은)처럼 착수금에 대한 요구가 과도한 부담으로 작용하는 고객과 일할 때뿐이다. 이런 상황에서는 그들이 돈을 줄 때까지 기다린다. 물론 자주 발생하는 일은 아니지만. 그리고 고객이 돈을 늦게 주면 지연 수수료를 덧붙여도 괜찮다. 지연 수수료는 높게 설정해야 한다. 수수료를 너무 적게 정하면, 회사가 지연 수수료를 내고 장기간 지급을 늦출 수도 있기 때문이다. 그런 의미에서 지연 시간에 따른 누진제도 적용할 필요가 있다.

### 체불에 대처하는 법

체불에 대처하는 방법의 90퍼센트는 애초부터 지불이 늦어지는 일을 피하는 것에 달려 있다. 제때 돈을 받지 못해서 다급한 처지라 책의 앞부분을 건너뛰고 여기로 바로 왔다면 잠시만 기다려라. 당신 사정이 급하다는 건 나도 안다. 그래서 열을 식히라고 말했다. 왜냐하면 당신이 흥분한 상태에서 체불 문제에 대처하기를 바라지 않기 때문이다. 체불에 대처하는 첫 번째는 침착함을 유지하는 것이다. 어떠한 상황에서도 돈을 받아내려고 고객의 사무실에 찾아가서 소리 지르고 화내면 안 된다. 트위터에 공개적으로 불만을 토로해서도 안 된다. 두 가지 방법 모두 그 당시에는 바르게 보일지 몰라도 돈을 받아내는 데는 전혀 도움이 되지 않는다.

침착함을 되찾았는가? 그렇다면 지불이 왜 늦어졌는지 이해하려고 노력해보자. 도대체 얼마나 늦어졌나? 돈은 지금 어디 있지? 침착하게 추적해보자. 고객에게 전화를 걸어라. 돈을 받을 거라고 기대했는데 아직 받지 못했다고 상기시켜라. 돈을 보냈는지 확인해줄 수 있느냐고 물어봐라. 아직 보내지 않았다고 말하면, 지불

만기일을 상기시키고 수표를 우편으로 보내달라고 요구해라.* 같은 지역에 있는 업체라면 수표를 받으러 가겠다고 말하거나, 등기우편으로 보내라고 제안해라. 큰돈을 받는 일에 우편요금 몇 천 원 정도는 들일만한 가치가 있다. 그들이 수표를 보냈다고 말하면 발신일, 등기번호 등 세부 사항까지 물어봐야 한다.

★ 우리나라에서는 주로 현금이나 어음으로 지불하지만, 미국에서는 수표로 지불하는 경우가 많다.

　체불은 조직이 체계적이지 못해서 생기는 일이다. 수치스러운 일, 그러니까 돈이 떨어진 상황은 드물다. 그리고 더 드문 경우가 악의에 의한 체불이다. (그냥 당신에게 돈을 주고 싶지 않은 거 말이다.) 돈이 없다거나 악의에 의한 체불이라는 증거가 확실하지 않다면 그들이 일을 두서없이 하다 보니 일 처리가 늦어졌다고 생각해라. 이게 가능성이 가장 높고 가장 고치기 쉬운 상황이다. 큰 회사들은 좀 더 엄격한 지불 절차를 가지고 있지만 워낙 지불 건수가 많다 보니 몇몇 건은 기한을 놓치곤 한다. 빠르게 성장하는 회사라면 상황이 좀 다르다. 돈을 많이 가지고 있긴 해도 누구에게, 그리고 무슨 명목으로 돈을 지불해야 하는지에 대해 체계가 잡혀 있지 않을 수도 있다.

　재미있는 실화를 하나 들려주겠다. 한번은 체불 건으로 고객에게 전화를 건 적이 있었다. 그 고객은 1주일 전에 수표를 보냈다며 수표 번호를 알려주었다. 나는 그 말을 전적으로 믿지는 않았지만, 이해하는 척하면서 수표를 취소하고 새롭게 발행해달라고 요구했다. 그들은 도와주고 싶은 마음에 내 말에 동의했고, 나는 협상의 달인이 된 기분으로 전화를 끊었다. 음, 협상의 달인은 점심을 먹고 들어오는 길에 우편함을 들여다보기로 했다. 딩! 동! 댕! 당신이 맞'

했다. 우편함에는 조금 전 취소된 수표가 고이 모셔져 있었다.

악의적인 체불이나 고객이 쓰레기같이 구는 경우라면 지금이야말로 그동안 고이 모셔둔 변호사를 불러낼 시간이다. 고객이 당신에게 빚진 돈을 받아내기 위해 할 수 있는 일은 뭐든지 최선을 다해라. 그리고 그 모든 노력이 실패로 돌아가면 변호사를 써라. 변호사는 고객에게서 돈을 받아주는 대신 수수료를 청구하겠지만, 80퍼센트라도 받는 것이 한 푼도 못 받는 것보다는 낫다.

### 지불 일정이 어긋날 때 당신이 할 수 있는 일

경제 상황이 좋지 않을 때는 모두가 돈을 늦게 지불한다. 당신은 이런 상황에도 대비해야 한다. 적은 액수로 더 자주 받을 수 있도록 협상해라. 그러면 타격을 덜 받을 것이고, 각각의 지불 건마다 걸리는 시간도 단축된다. 긴축 모드로 들어가라. 가능한 한 많은 돈을 안전한 곳에 모아둬라. 디자인을 비롯해서 고객 서비스 업계는 '풍요 아니면 빈곤'이 지배하는 분야다.

현금 수입 유동성이 적절하게 작동하지 않아서 내야 할 돈을 내지 못하는 상황도 생길 것이다. 다시 한 번 말하지만 청구서에 시차를 두고 크고 작은 청구서를 배합해서 그런 상황이 오는 걸 최대한 피해야 한다. 돈을 빨리 받는 작은 일과 돈을 많이 받는 큰일을 적절히 섞으면 적은 돈이 큰 돈 사이에 꾸준히 들어와서 당신의 현금흐름을 다각화시켜줄 것이다.

그렇게 노력해도 보릿고개는 발생하기 마련이다. 은행과 신용거래를 터서 보릿고개를 대비해라. 솔직하게 말하자면 요즘 은행들은 전반적으로 신용거래를 축소하고 있다. (금융위기 때 세금으로 구제해주길 참 잘했지, 아이고!) 하지만 사업체를 운영하고 있고 은행과 좋은 관계를 유지하고 있다면 일단 찾아가서 물어봐라. 굉장히 흔한 서비스니까. 평균적인 기준으로 적어도 직원 월급 두 달 치를 요구해봐라.

슬프게도 당신은 돈을 늦게 지불하는 사람들과 상대해야 할 것이다. 위험을 최소화하기 위해서 당신이 할 수 있는 일을 꼽아볼까?

- 애초에 나쁜 상황에 빠져드는 것을 예방하기 위한 사전조사
- 탄탄한 작업
- 고객과의 좋은 관계
- 고객 회사 회계팀과의 친분
- 고객과 지불 일정을 공유하는 것

그렇게 준비를 철저히 한다고 해도 언제든 당신이 통제할 수 없는 상황이 벌어질 수 있다. 그럴 때는 상황을 제대로 파악하고 그간 쌓아온 지식을 활용해서 돈을 찾아내야 한다. 돈을 받을 수 있도록 당신 자신을 도와라. 절대로 돈을 떼이지 않을 거라고 보장할 수는 없다. 하지만 내 말을 들으면 당하는 횟수를 확실하게 줄일 수 있다.

다른 것은 몰라도 이것 한 가지만 기억해라. 받을 돈이 있다면 절대로 포기하지 마라. 가서 받아내라. 당신은 정직하게 열심히 일했고 정당한 보상을 받을 자격이 있다. 돈에 대한 불편함을 극복해

라. 돈에 대해 어색하게 군다는 것이 매력적이지도 진정성 있게 보이지도 않는다. 당신은 전문 디자이너다. 그리고 전문가들은 돈을 받는다. 그렇다고 돈을 달라고 요구하기가 마냥 쉽다는 얘기는 아니다. 나도 잘 안다. 사실은 굉장히 어렵다는 것을. 겁이 난다는 것은 일반적으로 당신이 옳은 일을 하고 있다는 뜻이다.

하지만 내가 장담하건대, 돈 얘기를 처음 꺼낼 때는 차마 입이 떨어지지 않지만 두 번째로 말을 꺼내면 좀 더 나아지고, 세 번째는 두 번째보다 쉬워질 것이다. 네 번째가 되면 세 번째보다 더 쉬워질 것이고, 언젠가 더 이상 돈에 대해 얘기하는 것에 겁먹지 않는다는 사실을 깨닫고 그 문제에 대해 책을 쓰게 될 날이 올지도 모른다.

**CHAPTER 10**

# 함께일 때 더 강하다
:
### 함께 일하는 법
WORKING WITH OTHERS

이 책의 내용 대부분은 다른 사람으로부터 당신을 보호하는 것이었다. (그리고 나머지는 당신 자신의 잘못으로부터 당신을 보호하는 내용이었다.) 지금까지 우리는 고객을 상대하는 법을 주로 얘기해왔다. 하지만 사회생활에서 일을 완수하기 위해서는 아주 다양한 종류의 사람들을 상대해야 한다. 혼자 일하든, 아니면 팀으로 일하든, 주변 사람들과 소통하고 그들의 이야기를 경청하는 법을 배우는 것이야말로 일을 잘 처리하기 위해 꼭 필요한 핵심 요소이다.

디자이너로서 일하는 동안 당신은 여러 사람을 상대할 것이고, 그들은 각기 다른 동기를 가지고 있을 것이다. 당신에게 고객이나 동료를 어떻게 대하라고 기준을 제시할 수도 있지만, 개개인의 고객이나 동료와 소통하는 가장 좋은 방법을 찾아내는 일은 최종적으로 당신의 몫이다. 그렇게 하려면 경청과 공감, 그리고 사람들이 품고 있는 동기에 대해 이해해야만 한다.

일하면서 좋은 관계를 맺으려면 자신감과 자아성찰, 그리고 훈련이 필요하다. 당신이 이 관계에서 무엇을 얻어내고 싶은지, 그리고 상대방이 어떤 걱정과 불안을 갖고 있는지 알아야 한다. 그리고 서로 어떤 방식으로 작업과정에 맞추어가야 할지에 대해서도 명확하게 이해해야만 한다. 같은 목표로 일하면서 서로의 재능과 시간, 그리고 의견을 존중하고, 서로에게 필요한 것이 무엇인지 소통하는 법을 알아낸다면, 일은 순조롭게 잘 풀릴 것이다. 언제 입을 다물어야 하는지 아는 것도 도움이 된다. 당신에게 필요한 것이 무엇인지 아주 확실하게 직설적으로 표현해라. 그러면 얻어낼 확률이 높아진다.

### 다른 디자이너와 일하는 법

나는 오늘 아침에 버스를 타고 사무실에 왔다. 출근 시간이었고 운전사 바로 옆에서 사람들 사이에 끼어 있었다. 반대 방향에서 다른 버스가 다가왔다. 운전사들끼리 눈인사를 주고받고는 손을 들어서 아는 척했다. 마치 "안녕하시오? 나는 버스를 운전하고 있소. 당신도 그렇구만." 하고 말하는 것 같았다. 버스는 계속 달렸다. 10분도 되지 않아 또 다른 버스를 지나치게 되었는데 똑같은 상황이 벌어졌다. 택시 운전사도 마찬가지다. 다른 운전자에게는 절대 양보하지 않겠지만, 같은 택시 운전사끼리는 끼어드는 걸 허락한다. 은행원들도 사우나에서 우연히 만나면 그들만의 비밀스러운 악수를 할 것이다.

이 세상 대부분의 전문직 종사자들은 그들만의 유대감을 공유한다. 적어도 서로 지나칠 때마다 인사를 나누고 같은 직종의 구성원이라는 것을 인정하는 유대감 말이다. 하지만 디자이너끼리라면 얘기는 좀 달라진다. 나는 고객과 첫 회의를 하는 자리에 디자이너가 참석했는지 아닌지 이제 웬만하면 다 알아차릴 수 있다. 실실 웃으면서 나를 뚫어지게 쳐다보는 사람이 바로 디자이너다. 그는 나를 재보고 평가하는 중이다. 아마도 자기가 충분히 할 수 있다고 생각하는 일을 왜 나 같은 사람한테 맡기려고 불렀는지 궁금해하고 있을 거다. 물론 매번 있는 일은 아니지만, 꽤 자주 일어난다.

사실은 이런 상황이 너무 자주 벌어져서, 이젠 그만 좀 했으면 하는 심정이다. 디자이너로 일을 시작한 이래 지금까지, 내가 만난 거의 모든 디자이너에게서 똑같은 불평을 들었다.

"아무도 나를 소중하게 생각하지 않아요."

나는 이 책을 통해 그 말이 사실일지 모른다는, 그리고 당신이 어떻게 자신을 그런 상황에 빠뜨렸는지에 대해서 수많은 이유를 들어 설명했다. 또 당신의 의지에 따라 상황을 고칠 수 있다는 것도 설명했다. 나는 이 얘기에 진심을 담아, 당신과 우리의 기술과 업종을 사랑하는 마음으로 전달했다.

하지만 자기 자신을 스스로 존중하지 않으면서 다른 사람에게 존중받기를 원하면 안 된다. 우선 쓰레기 같은 TV 리얼리티 쇼 참가자들처럼 서로 사나운 경쟁심으로 대하는 것을 중단해야 한다. 그리고 서로의 노력을 지지하고 다른 사람들의 기술을 보완하려고 노력해야 한다. 그러기 전까지는 다른 사람들이 디자이너를 진지하게 대해주길 바랄 수 없는 노릇이다. 서로 죽자사자 덤비고 싸우는 것을 멈추지 않으면, 누구도 당신을 적임자라고 생각하지 않을 것이다.

**함께 작업하는 게 더 낫다**

다른 (재능 있는) 디자이너와 함께 일하면 당신의 디자인 실력도 더 향상된다. 특히 새내기 디자이너 시절에는 함께 일하는 것이 전문성을 키우는 데 필수 요소라고 할 수 있다. 기술을 익힐 때 다른 사람이 실제로 작업하는 것을 보는 것보다 더 좋은 방법은 없다. 경력을 쌓아가는 동안에도 말이 잘 통하는 사람과 꾸준하게 교류하면 두 사람 모두 실력이 는다. 때로는 다른 디자이너가 같은 방 안에 있다는 사실을 아는 것만으로도 작업을 대충 하는 걸 피할 수 있다.

당신 의견에 반대하는 디자이너와 일하는 것이 찬성하는 디자이너와 일하는 것보다 낫다. 그들 덕분에 당신이 내리는 모든 결정을 그들과 논쟁해서 쟁취하게 된다. 촘촘한 논리를 내세우고 훌륭한 결과물을 제시하는 법을 배우게 될 거라는 얘기다. 매일 옆에서 농담이나 툭툭 던지는 디자이너에게조차도 좋은 평가를 얻지 못한다면, 요구사항이 엄격한 고객에게 통할 리가 없다.

**동료 사이의 비평을 활용하라**

다른 디자이너에게 당신의 작업을 보여주는 것은 고객의 피드백을 받는 것과는 다른 일이다. 이 사람들은 당신 편이고 말이 통하는 사람들이다. 비평의 분위기는 더 가볍지만, 동시에 더 치열하다. 결과적으로 이들은 고객보다 당신과 훨씬 더 친밀하고 당신을 더 잘 안다. 온종일 같은 공간에서 일하거나, 퇴근 후에 따로 만나서 서로에게 작업을 보여주는 사이일 수도 있다. 그런 사이라면 당신이 저지르는 실수와 실패, 그리고 확신이 서지 않는 디자인을 좀 더 기꺼이 보여줄 수 있을 것이다. 그들은 당신이 일에 착수할 때부터 지켜본 사람들이기도 하다. 당신의 디자인에 뭔가 문제가 있다면 그 사실뿐만 아니라, 이유와 고칠 방법까지도 말해줄 수 있는 사람들이다.

당신은 이 사람들을 활용해야 한다. 나이를 먹어서 그런 탓도 있겠지만, 나는 최근 들어서 비평을 멀리하려는 추세가 있다는 걸 알게 되었다. '비평'이라는 단어만 나와도 디자이너들은 입술을 삐쭉거린다.

"디자이너가 순수한 의도로 만든 걸작을 가지고 우리가 감히 어떻게 비판을 할 수 있겠어? 왜 그렇게 가혹하게 구는 거야? 우리는 작업에 대해 설명할 때 무지무지 멋지고 섬세한 표현을 쓰거든. 그러니 누구든 기분 좋지 않은 내색만 해도 우리의 디자인을 지탱해주는 그 가녀린 골격들이 부서져 버릴지 몰라. 우리가 만드는 것들이 얼마나 섬세한지 그 진가를 알아주는 사람들을 위해서 애정 어린 기술로 한 땀 한 땀 만든 픽셀을 화면에 올린 용기가 정말로 가상하지 않아? 우리는 이렇게 서로를 칭찬해주고 등을 툭툭 치면서 기운을 북돋아 준다고!"

맙소사! 우리는 전동 공구 사용법을 잊어버렸을 뿐만 아니라, 이케아$^{IKEA}$* 선반을 조립하는 일을 가구 공예 작업과 착각하기 시작한 것이다.

"하지만 정말 열심히 작업했다고?!"

'소위' 디자인을 시작하기 전에, 나는 이민자 출신으로 성실하게 살아왔던 부모님의 기대를 저버리고 예술학교에 입학했다. 예술학

---

\* 좋은 디자인과 저렴한 가격, DIY 가구로 유명한 스웨덴의 다국적 가구 기업

교에 다니면서 우리 자신을 스스로 표현하고, 영혼의 속살을 드러내고, 우리만의 개성을 담은 어휘들을 창조하고, 정말 끔찍할 정도로 지루한 프랑스 문학작품을 읽는 것을 배웠다. 그리고 일주일에 한 번씩 모여서 서로의 작품을 비평하는 시간을 가졌다. '작가의 혼을 쏟아 부었다'고 추정되는, 매우 개성이 강한 공예품을 늘어놓고 누가 가장 악랄한 비평을 내놓는지 보면서 하루를 지냈다. 우리는 상대방을 가차 없이 비판했다. 친구의 작품이든 모르는 사람의 작품이든 상관없었다. 이 시간의 목적은 비판적인 사고를 훈련하고 뻔뻔함을 키우는 것, 이 두 가지였다.

하지만 이 공포의 전당에도 규칙은 있었다. 작품 그 자체나 작업에 들어간 노력, 기술의 실행 능력에 대해서는 무슨 얘기든 할 수 있었지만, 작가 개인에 대한 인간적 비난을 하는 순간 비평 작업은 완전히 중단되었다. 그리고 말을 꺼낸 사람은 방에서 나가달라는 요청을 받았다. 한 개인을 인간적인 면에서 비판하는 것은 금지되었다. 누군가를 욕되게 하려면 (하루에도 몇 번씩 그런 일이 일어났다.) 그가 나쁜 '사람'이 아니라 나쁜 '예술가'이기 때문이어야만 했다.

아, 그렇다고 내가 예술과 디자인을 연결하려는 의도는 없다. 그 둘은 너무도 다르다. 하나는 기업이 가난한 사람들을 속이는 도구이고, 다른 하나는 디자인이다.★ 하지만 예술학교의 비평시간과 동료 간의 비평은 서로 비슷한 점이 많다. 다시 예술학교 비평시간으로 돌아가 보자. 시작한 지 몇 달이 채 지나

★ 저자의 냉소적인 블랙 유머가 드러나는 대목. 디자인과 예술을 비교하면서, '기업이 가난한 사람들을 속이는 도구'라고 하면 지나치게 상업적인 디자인이라고 생각하기 쉽다. 하지만 저자는 독자들의 예상을 깨고 그게 예술이고, 다른 하나는 디자인이라고 농담을 던진 것이다. 이 책 전반에 걸쳐 디자인을 예술과 비교하는 걸 싫어하고, 예술가 행세를 하는 디자이너들을 싫어하는 저자의 태도가 반영된 농담이라고 볼 수 있다.

기도 전에 몇 가지 변화가 생겨났다. 첫째, 사람들이 떠나기 시작했다. 자신의 작업을 놓고 또래들에게 정기적으로 비평받는 것이 쉬운 일은 아니니까. 하지만 끝까지 남은 사람들은 본인의 작업이 발전하는 것을 눈으로 확인할 수 있었다. 그리고 그들의 비평 기술 또한 발전했다. 비평 시간에 꼬박꼬박 참석한 사람들은 그 해가 다 지나갈 무렵이 되자 더 좋은 작업을 하게 되었을 뿐만 아니라, 비판적으로 생각하는 기술도 칼같이 날카로워졌다.

디자인을 예술과 비교해서 미안하다. 다시 사무실로 돌아가자.

매일 출근해서 동료들의 비평을 듣는 게 그리 즐겁지만은 않을 것이다. 나도 인정한다. 그렇기에 기본 규칙을 정하지 않으면 비평이 제대로 이루어지지 않는다. 참가자 모두가 서로 존중할 때만 제대로 된 비평이 가능해진다. 예의도 갖추어야 한다. '작업을 한 사람'이 아니라 '작업 그 자체'에 대해 얘기해야 한다. 마지막으로 비평에 참가하는 사람들 모두가 프로젝트와 디자이너 양쪽 다 잘 되기를 바라고 있다는 걸 기억해야 한다. (그들이 그러지 않는다면, 더 큰 문제가 생긴다.)

비평하려면 지금 당장 직면한 목표를 정의하는 것에서부터 시작해라. 목표는 달성되었는지 완성도는 어떤지를 논의해라. 아무리 좋은 작업이라도 더 향상될 여지가 있다. 디자인의 목표는 작업 결과물을 적당히 잘 만들거나 열심히 일하는 것이 아니다. 목표란 항상 제대로 달성하기 위해 존재하는 것이다. (열심히 일했다고 해서 퀄리티가 좋은 것은 아니며 그 일의 목표를 달성한 것도 아니다. 열심히 일한 것과 잘한 것을 착각하면 안 된다!)

비평받는 입장에서는 피드백 대상이 당신 자신이 아니라 당신의 디자인이라는 사실을 깨달아야 한다. 그리고 자기 머릿속이 아니라 다른 곳에서 나오는 좋은 생각에도 열려 있어야 한다. 자기 작업을 변호하는 것과 좋은 생각에 열린 마음을 갖는 것 사이에서 균형을 잡아야 한다. 그런 균형 감각을 발전시키는 데는 꽤 오랜 시간이 걸린다. 자신감과 지적 능력, 열린 사고방식을 갖추고 있어야 당신의 작업을 개선하기 위해 기꺼이 다른 사람의 도움을 받아들일 수 있다. 멍청한 인간은 그걸 받아들이지 못한다.

### 사나운 경쟁은 이제 그만!

경쟁에 대한 인식(또는 경쟁이라는 현실)은 디자이너 사이의 관계를 악화시킨다. 고객 서비스 업종에서 일하는 디자이너로서, 우리는 종종 고객팀에도 디자이너가 있다는 상황과 마주하게 된다. 고객들이 얼마나 자주 그들의 존재를 우리에게 숨기는지, 당신도 알게 되면 깜짝 놀랄 거다. 고객이 누구를 보호하려고 이런 상황을 만드는지 도무지 알 수가 없다. 고객이 보호하려는 대상이 우리일 수도 있고 고객 쪽 디자이너일 수도 있지만, 아마도 고객 자신일 가능성이 가장 높다고 본다.

우리는 내부적으로 처리하려다 실패한 일에 종종 투입되곤 한다. 모두에게 힘든 상황이다. 내부 디자이너는 자기가 해내지 못한 일을 다른 사람이 맡게 되었다는 사실에 위협을 느낀다. (사실은 일을 완성하는 데 필요한 내부 지원을 받지 못했을 가능성이 높다.) 때로는 내부 디자이너가 외부 팀을 데려오지 못하도록 로비를 벌이다 실패한 경우도 있다. 두 가지 모두 어색하긴 마찬가지다.

재미있는 이야기를 하나 해보자. 우리가 한 회사의 온라인 서비스 디자인 개편작업을 맡은 지 한 달쯤 되었을 때였다. 고객의 사무실에 앉아서 떠오르는 생각들을 주거니 받거니 하며 의견을 교환하고 있었다. 나는 내가 고려하고 있던 특정한 사용자 접근방식에 대해 얘기했다.

"음, 그건 얼마 전에 샘이 제시한 것과 비슷하게 들리는군요."
"샘이 누구죠?"
"한동안 프로젝트를 같이 진행했던 우리 회사 내부 디자이너죠. 몇 가지 방안을 제시했었는데 다른 일이 생겨버렸어요."
"그와 얘기를 나눠봐도 될까요?"
"편한 대로 하세요."

다음 날 나는 샘이라는 친구를 찾아갔다. 그는 책상 서랍에서 사용자 접근방식과 페이지 도식 page schematics 으로 가득한 서류들을 꺼내 보여주었다. 우리가 작업하고 있는 디자인에 적용 가능한 자료였고, 훌륭한 아이디어가 담겨 있었다. 그 뒤에 일어난 일을 간단히 얘기하자면, 우리는 프로젝트에 샘을 참여시켰다. 결국 우리가 디자인한 제품의 많은 부분이 샘의 와이어프레임 wireframes * 에서 시작되었다. 우리는 제로 상태에서 솔루션을 다시 창조해내는 대신, 샘의 방대한 지식과 그가 이미 탐구해왔던 아이디어를 사용했다. 그로 인해 우리는 훨씬 더 좋은 결과를 낼 수 있었다. 만약 우

---

* 웹페이지의 구조를 제안하기 위한 웹페이지의 설계도. 디자인이 제작되기 전에 제작되는 화면설계의 가장 기초적인 단계로 웹 페이지의 구조를 제안하기 위해 인터페이스 디자인에서 사용되는 기본적인 구성요소를 그린 비주얼 가이드와 비슷하다.

리와 샘이 따로 일했더라면 절대로 그만큼 잘해낼 수는 없었을 것이다. 그리고 그에 대해 알게 된 것은 정말 우연이었다.

당신이 서비스를 제공하는 입장이라면, 고객 회사의 내부 디자이너에 대하여 꼭 알아봐야 한다. 고객 회사에 대한 축적된 지식과 아이디어 없이, 말 그대로 '빈손으로' 참여하는 당신에게 그들이 가진 내부 지식은 환상적인 자원이 될 것이다. 반대로 당신이 내부 디자이너이고 외주 디자인 팀이 참여한다면 그들에게 먼저 다가가라. 그들은 외부자라는 신분 덕분에 회사 내부의 조직정치 논리에서 자유로울 것이다. 자존심일랑 접어둬라. 다른 사람들은 할 수 없는 일을 함께해낼 수 있다. 혼자일 때보다 함께일 때 더 강한 팀이 된다.

샘은 자신이 이미 훌륭하게 구상해놓은 프로젝트를 외주 디자이너가 맡게 되었을 때 화가 나서 마음을 닫을 수도 있었다. 우리 입장에서도 샘이 일을 이만큼 진행해 놓았고, 우리가 구상하는 방향이 샘이 이미 구상했던 방향과 같다는 사실에 위협을 느낄 법도 했다. 그렇게 하는 대신, 우리와 샘은 서로 같은 방식으로 문제를 이해하고 있다는 것을 깨닫고 함께 문제를 풀기로 했다. 회사 역시, 우리가 샘과 함께 일하는 것을 허락할 만큼 열린 사고를 지니고 있었다. 같은 프로젝트에 함께 투입되건, 아니면 프로젝트 도중에 우연히 서로의 존재를 발견하건 간에 고객의 관심과 자원을 선점하려고 경쟁하는 것보다는 공통의 목표를 위해 힘을 합치는 편이 훨씬 낫다.

**나의 첫 번째 아트 디렉터**

하지만 대부분은 위에 언급한 상황과는 다르게 전개된다. 디자이너는 경쟁심과 불안감의 결합체이기 때문이다. 정말 사람 미치게 만드는 일이다. 샘의 이야기와 같이 평화롭게 전개되는 일을 한 번 겪을 때마다, 사무실에 들어갔을 때 고객이 내부 디자이너가 제시한 경쟁 시안을 보고 있는 상황을 열 번은 겪게 된다. 실은 당신에게 고백할 게 있다. 나도 내부 디자이너로 일할 때, 상사가 외부에서 디자이너를 데려오면 경쟁 시안을 내놓곤 했던 시절이 있었다. 왜 그랬느냐고? 답은 간단하다. 내가 외주 디자이너보다 더 능력이 뛰어나다고 생각했기 때문이다. 더 중요한 것은 내 능력이 실제로는 다른 디자이너보다 떨어질까 봐 겁이 났기 때문이다.

다른 모든 동물과 마찬가지로 우리는 인정받기를 간절히 원한다. 상사가 나를 더 좋게 생각하기만 한다면, 그가 외주 디자이너를 어떻게 생각하든 아무런 관심도 없었다. 그래서 새내기 디자이너였을 때 매트라는 디자이너를 만난 건 정말 큰 행운이었다. 매트는 연례 보고서annual report를 디자인하기 위해 외부에서 온 사람이었다. 상사는 내가 그 일을 처리할 준비가 아직 안 됐다고 생각했다. (내 생각일 뿐인지는 모르지만 나는 그 일을 끝내주게 처리했을 거다. 바보 같은 놈!) 나는 그가 합류한 순간부터 짜증이 났다. 그도 그걸 느낄 수 있었을 것이다. 왜냐하면 나는 짜증 난 걸 잘 숨기지 못하는 사람이니까.

하루는 매트가 점심식사를 함께 하자고 초대했고, 우리는 디자인 얘기를 시작했다. 매트는 회사에 대해 이런저런 질문을 했다. 그리고는 연례 보고서에 대한 구상을 내게 보여주며 내 의견을 물었다. 당신도 예상했겠지만, 그때부터 우리는 함께 일했다. 그는 내게 할 일을 주었고, 우리는 서로 피드백을 주고받았다. 그는 사실상 나의 첫 번째 아트 디렉터였던 셈이다. 매트는 디자이너끼리 서로 깎아내리려고 노력하는 대신, 같은 목표를 향해 함께 일한다면 무엇을 성취할 수 있는지 내게 가르쳐주었다.

그래서 이제는 새내기 시절의 나처럼 신경이 곤두선 내부 디자이너를 만나면, 먼저 다가간다. 매트가 그랬던 것처럼. 우리는 디자인 역사의 연대표$^{timeline}$가 끊어지지 않도록 계속 이어가는 연결고리들이다. 서로 디자인 기술을 공유하면서 말이다. 그리고 그 연대표를 강하게 유지하는 것이야말로 우리가 해야 할 일이다. 연대표에 새로운 디자인을 추가하고, 다음 연결고리를 끌어당겨 주는 일 말이다. 다른 디자이너와 관계를 개선하는 일이 당신에게 주어진 권한인 것처럼 행동해라. 대부분의 경우, 실제로 그렇게 할 수 있다.

## 다른 디자이너와 일할 때의 규칙

### 상대방을 존중하라

당신이 존중할 수 없는 사람과는 일도 함께할 수 없다. 그런데 우리는 아이디어, 관점, 문제에 대한 접근 방식이 우리와 다르다는 단순한 이유에서 너무도 쉽게 다른 사람들을 존중하지 않기로 마음먹어 버린다. 너무도 안타까운 일이다. 그런 편협한 시각을 버리지 않는 한, 우리가 문제를 해결할 수 있는 새로운 (또는 오래된!) 방법을 배울 수 없다. 다른 디자이너가 노련한 베테랑이든, 아니면 새파란 새내기든 간에 함께 일하면 항상 배울 점이 있다.

우리가 비웃곤 했던 출판 편집 디자이너들을 기억하고 있나? 그들이 알고 있었던 모든 것을 마침내 웹 디자이너들이 따라잡게 된 건 최근 일이다. 레이아웃, 색상 이론, 그리고 타이포그래피는 이미 오래 전부터 필수적인 기본 지식으로 자리 잡고 있었다. 우리 웹 디자이너들은 그동안 새로운 뭔가를 디자인하고 있었던 게 아니었다. 아직 우리의 기술이 따라잡지 못했을 뿐이었던 거다. 당신이 사랑하는 일을 잘하게 된다는 게 뭔지 아는가? 아는 것을 인정하는 자신감과 모르는 것을 인정하는 겸손함, 그리고 당신의 잘못을 지적하는 사람들을 존중할 수 있는 용기를 지니고 있다는 뜻이다.

### 명확한 역할을 정하라

공동 작업을 하면서 서로에게 걸림돌이 되거나 이중으로 일하는 수고를 피하려면 각자의 역할을 명확하게 정해야 한다. 누가 무엇을 책임질 것인지 결정하라. 피드백을 어떤 식으로 적용할지도 결정해라. 상황에 따라서 고객과의 의사소통 체계에 순서가 정해질 수도 있다. 그렇다면 당신들 중 한 명은 책임자가 되어야 한다. (뒤에서 자세히 설명하겠다.) 이번 장을 시작하면서 얘기해준 버스 운전사들을 기억하고 있나? 만약에 버스 운전사들이 자기가 더 운전을 잘한다고 생각하고 서로의 노선을 침범하면 어떻게 될 것 같은가?

실천하기는 어렵겠지만, 일단 다른 디자이너가 특정 부분을 책임지기로 결정하면 그를 믿고 맡겨두어야 한다. 자주 대화를 해라. 서로에게 정직한 피드백을 전달해라. 작업이 이상하면 이상하다고 말해주고 함께 다른 솔루션을 찾아라. 하지만 어떠한 상황에서도 이미 다른 디자이너가 담당하는 문제에 대해 의견을 불쑥 내밀어서 그를 '놀라게' 하면 안 된다. 내 말을 믿어라.

경험에 비추어보면, 마우스를 빼앗아서 내가 대신 작업하고 싶어질 때가 종종 있다. 그런 충동을 참기는 정말정말 어렵다. 나는 문제를 어떻게 고칠지 정확하게 알고 있으니, 서로 꼼꼼하게 얘기를 나누겠지. 그러고는 내 손이 슬며시 마우스로 향하겠지. 하지만 그건 정말 끔찍한 충동이고 무례한 행동이다. 또한 다른 사람을 가르칠 수 있는 좋은 시간을 망쳐 버린다. 무엇보다도 다른 디자이너에게 그런 피드백을 한다는 것은 그를 당신의 디자인 실력만큼 신뢰하지 않는다는 표시이기도 하다.

### 프로젝트 목표가 우선이다

누가 낸 아이디어지? 그게 좋은 생각이라면 누구의 발상이든 뭐 그리 중요한가? 팀원 모두가 공동의 목표를 향해 힘을 모으면, 목표를 달성할 수 있는 확률이 기하급수적으로 늘어난다. 이를테면 지도의 변환 효과map transition가 잭의 생각이었는지 베티의 생각이었는지를 논쟁하느라 우리가 시간을 허비한다면 결국 지도 변환을 실행하지 못할 것이다. 중요한 것은 우리가 실행에 옮길 만한 좋은 아이디어를 가지고 있다는 점이다. 당신 팀의 디자이너들과 함께 일하든, 고객팀의 디자이너들과 함께 일하든 당신이 평가받는 기준은 개인적인 성취가 아니다. 프로젝트 전체로 평가받게 된다. 자만심과 옹졸함으로 파티를 망쳐서야 되겠나?

다른 사람들과 함께 프로젝트의 성공적 종료를 자축하면서 당신의 자존심을 충족시키는 법을 배울 수도 있다. 큰 접시에 담긴 음식을 각자 덜어 먹는 가족적인 방식으로 말이다. 지금까지 일했던 프로젝트를 돌아보면, 개개인의 아이디어나 성취가 뛰어났던 게 아니라 좋은 관계를 유지하면서 함께 열심히 일했던 경우에 프로젝트가 더욱 돋보였다. 그리고 성공적인 프로젝트의 후광은 팀 전체를 감싸준다. 기억해라. 농구천재 마이클 조던도 공을 팀원들에게 패스하면서 경기에 참여시키는 법을 배우기 전까지는 한 번도 우승하지 못했다. 마이클이 그 사실을 깨달은 후에는 여섯 번이나 우승했다.

## 다른 사람의 노선으로 운전하지 마라

같이 일하고 있는 디자인 회사가 마음에 들지 않는다며 찾아오는 잠재적 고객이 있다. 우리를 고용하겠다고 말이다. 그들은 현재의 회사와 '인연을 끊으려 한다'고 말하기도 한다. 그게 아니라면, 지금 일하고 있는 회사의 작업이 마음에 들지 않는다며 검토해달라고 요청하기도 한다. 우리는 그런 고객은 거절한다. 당신도 그렇게 해야만 한다. 다른 디자이너의 작업을 침해하지 마라. 당신이 작업에 대해 얘기하는 모든 게 그들에게 불리하게 작용할 것이다. 프로젝트를 따내기 위해 정직하게 경쟁하는 것과 다른 디자이너를 해고하는 데 관여하는 것은 완전히 다른 얘기다.

고객이 고용한 회사를 마음에 들어 하지 않는다면, 그들 스스로 정리하도록 내버려둬라. 절대 어렵고 복잡한 상황에 발을 담그지 마라. 개편 작업을 마치고 이제 막 공개한 다른 회사의 웹사이트 디자인을 당신의 버전으로 마음대로 뜯어고친 후에 인터넷에 올리는 나쁜 관행도 마찬가지다. 비평이라면 마음껏 해도 좋다. 어떤 부분이 잘 작동되고 어떤 부분이 삐걱거리는지 포스팅해라. 하지만 그 디자이너는 당신이 잘 알지 못하는 제약과 사내 정치에 휘둘리며 일했다는 것을 잊지 마라. 그냥 사용자로서 의견을 개진해라. 디자이너이자 사용자 입장에서 의견을 개진해도 좋다.

하지만 그들이 했던 작업을 전부 다 새로 디자인해서 인터넷에 공개적으로 올리는 데 시간을 쏟는 것은 우쭐거리기 좋아하는 소인배나 하는 짓이다. (그래, 이건 내가 겪었던 일이다. 난 아직도 심기가 불편하다.) 함께 뭉쳐라. 안 그러면 내가 혼내줄 거다. 그건 그렇고, 디자이너 말고도 당신과 같이 일하는 사람들이 많다. 그럼 그 사람들도 만나보자.

## 사무실 사람들과 일하기

다른 사람과 함께 일하는 비결은 간단하다. 그들이 무엇을 원하는지 알아내고, 당신이 그들로부터 원하는 것이 무엇인지를 이해하도록 만들면 된다. 나머지는 반올림 오차 수준이다.

몇 년 전 우리 회사가 초창기였을 무렵, 나는 디스커버리 채널 Discovery Channel(원숭이와 망치가 난무하는 채널 말이다.)의 〈몬스터 하우스 Monster House〉라는 프로그램에 완전히 중독됐다. 줄거리를 간단히 설명하자면 현장 감독인 스티브가 각기 다른 전문기술을 지닌 도급업자들을 모은다. 그들은 1주일 안에 누군가의 집 일부를 완전히 새롭게 리모델링해야 한다. 1주일 동안 도급업자들은 서로 다투고 싸운다. 그런데 어떻게 된 일인지 끝에 가서는 항상 어려움을 헤쳐나가서 리모델링을 완성한다. 거실에 불을 뿜어내는 분수가 설치되고 잔디밭이 있던 앞마당에 해자*가 생긴 것을 보면서 집주인이 기뻐하거나 화를 내는 것으로 상황이 종료된다.

그 프로그램에서 내가 가장 좋아했던 부분(또는 최소한 지금 우리의 목적에 들어맞는 부분)은 시작 단계였다. 스티브는 팀원 전부를 방 안에 모아놓고 그들이 무엇을 할 수 있을지 검토했다. 그리고 팀원들 모두 합심해서 아이디어를 내놓았다. 목수가 뒤뜰에 도개교**를 설치하자고 제안하면, 건설업자는 집의 하중을 견디고 있는 내력벽의 75퍼센트를 허물면서 다리를 설치할 방법을 내놓았다. 그리고 전기기술자는 이웃 배전 망에서 전기를 얼마나 훔쳐와야 다리

---

* 적의 침입을 막기 위해 성 밖을 둘러 파서 만든 못
** 큰 배가 밑으로 지나갈 수 있도록 위로 열리는 다리

가 작동할 수 있을지를 측정했다.

나는 동업자인 에리카를 돌아보고 말했다.

"저게 바로 우리가 일해야 할 방식이야! 프로젝트 시작 단계부터 모두를 참여시켜야 한다고."

그래서 우리는 그 방식대로 일하게 되었다. 프로젝트를 시작할 때면 언제나 팀원 모두 함께 모여서 의견을 제시한다. 우리가 일을 어떻게 준비하고, 디자인하고, 만들지에 대해서 일제히 논쟁을 벌이는 동안 방안에는 어마어마한 에너지가 가득 찬다. 논의가 진행되면서, 우리는 누군가 내놓은 그럴듯한 아이디어가 예산을 초과하지는 않을지, 마감일을 지킬 수 있을지 검토한다. 이런 방식으로 무엇을 만들지에 대한 단체 합의를 한다. 그 후에 각자 전문 분야를 파고든다.

만약 전문가들이 모여서 합의하지 않고 각자 따로 일하면 어떤 일이 생길지 아는가? 예를 들어보자. 그전에 한 마디 상의도 하지 않았던 정보 디자이너가 어느 날 갑자기 완성된 페이지 도식을 들고 나타나 책상에 던져놓고 간다. 이미 기정사실인 것처럼 한 번도 보여주지 않은 시안이다. 이것을 엔지니어가 들고 와서는 "이런 식으로 적용 안 되는데요?" 하고 불평을 늘어놓는 경우도 있다. 나는 여러 회사를 거치는 동안 이런 일들을 수도 없이 많이 겪어왔다!

만약 당신이 모든 전문 분야를 각각 담당하는 디자이너들로 가득 찬 방에서 일하는 특권을 누리고 있다면, 그들을 철저히 활용해야 한다. 함께 일해라. 초기부터, 그리고 자주. 성공과 실패를 그들과 함께 나누어라. 내가 장담한다. 당신이 함께 일하기 좋은 사람들을 찾아낸다면, 성공하는 경우가 실패하는 것보다 더 많을 것이다. 어느 곳에서 일하는지에 따라서 사무실에 각양각색의 다른 사람이 있을 수 있다. 심지어 당신이 작업실에서 혼자 일한다 해도, 하루 중 어떤 시점에선가 반드시 다른 사람들(다른 디자이너들!)과 교류해야만 할 것이다.

우리는 변호사나 다른 디자이너는 물론이고, 고객에 대한 얘기도 충분히 했다. 하지만 웹 디자인은 복잡한 녀석이라 변동 요소가 많다. 그리고 각각의 변동 요소에는 특정 기술이 뛰어난 사람이 필요하다. 당신이 작은 회사에서 일한다면, 그런 역할 중에 많은 부분을 한 사람이 맡게 될 가능성이 크다. 큰 회사에서 일한다면, 각각의 역할이 하위 전문분야로 지루하게 나누어질 것이다. 그들도 당신만큼이나 프로젝트를 성공시킬 책임이 있다. 그리고 당신이 그들에게 존중받을 자격이 있는 것만큼, 그들도 당신의 존중이 필요하다.

**프로젝트 관리자**

프로젝트 관리자가 멋진 이유를 알고 있나? 그들은 프로젝트를 관리한다. 일을 기한과 예산의 범위에 맞추어 유지하는 일을 한다. 자원을 분배하고 당신이 맡은 일을 제대로 하고 있는지 확인하기도 한다. 프로젝트를 굴러가게 하는 모든 요소를 세심하게 배열하여 이 모든 일을 해결한다. 그들은 프로젝트가 기한 내에 완료될 수 있도록 애쓴다. 복잡한 시간표를 만드는 데 상당한 시간을 할애하고, 상황이 변하면 시간표를 다시 짠다.

당신이 프로젝트의 품질에 책임지는 것처럼, 프로젝트 관리자는 완료기한을 지키는 책임을 진다. 동시에 최대한의 이윤을 만들어내야 한다. 그렇다고 당신이 완료기한이나 이유에 대해 무관심하다거나, 프로젝트 관리자가 품질에 대해 생각하지 않는다는 의미는 아니다. 두 사람 모두 각자 프로젝트에서 맡은 역할이 있다는 얘기다. 이런 역할의 차이 때문에 종종 갈등이 빚어지기도 한다. 당신의 궁극적인 목표는 일을 잘하는 것이고, 프로젝트 관리자의 궁극적인 목표는 기한을 맞추는 것이다. 사실 그렇게 일하는 게 좋다. 각자가 책임지고 있는 부분에 더 많은 신경을 써달라고 요구하고, 서로 경쟁하다 보면 훌륭한 작업을 기한 내에 전달할 수 있게 된다.

프로젝트 관리자는 회의실에서 고객의 목소리를 대변한다. 고객의 요구사항이 이행되는지 확인하고, 고객과 매일 연락을 주고받는 일을 담당한다. 그렇다고 프로젝트 관리자가 당신의 엄마는 아니다. 프로젝트의 엄마일지는 몰라도 적어도 당신 엄마는 아니다. 자신이 관리하는 프로젝트에 당신이 어떻게 맞추어 가는지를 제외한다면 당신을 관리할 일은 없다.

프로젝트 관리자와 함께 일하는 가장 좋은 방법은 각자의 책임에 대해 분명하게 하고, 가능한 한 프로젝트의 진행과정을 수시로 알려주는 것이다. 마감을 지키지 못할 상황이 예상되면 일이 닥칠 때까지 기다리지 마라. 바로 프로젝트 관리자에게 알려라. 마감을 어길 것 같은 낌새가 조금이라도 있다면 즉시 말해야 한다는 얘기다. 고객과 함께 문제가 뭔지 조사할 수 있도록 그들에게 충분한 시간을 줘라. 그게 그들을 돕는 길이고, 그래야 그들도 당신을 도울 수 있다.

당신과 프로젝트 관리자가 서로 반대 입장에서 일하는 것처럼 느껴지는 상황도 생기겠지만, 사실은 그렇지 않다. 모두가 같은 목표를 향해 일하고 있다. 각자 도달하는 방식이 다를 뿐이다. 또한 당신이 1장에 나오는 '예술가의 환상에 빠진 디자이너'처럼 굴지만 않는다면 그들의 작업을 (그리고 당신의 작업을) 더 쉽게 만들 수도 있다. 시간이 얼마나 걸릴지 현실적으로 추산하고, 마감일을 염두에 두고, 작업 범위를 이해해라. 남들이 신뢰하고 일을 맡길 수 있는 사람이 되어라.

### 조사 담당자

훌륭한 조사 담당자라면 당신이 지하실이 있는 집을 홍수 지역에 짓지 않도록 확실히 조사할 것이다. 그들은 고객팀, 그리고 잠재적 사용자와 인터뷰를 진행하고 고객의 분석방법을 검토할 것이다. 당신에게 무엇을 디자인하라고 지시하는 것은 조사 담당자의 일이 아니다. 생각해봐라. 그 어떤 조사 담당자도 헨리 포드에게 '사람들이 자동차를 원한다'고 말하지 않았을 것이다. 하지만 훌륭한 조사 담당자였다면 사람들이 빨리 이동하는 것을 즐긴다고 귀띔할 수는 있었겠지.

프로젝트 관리자가 회의실에서 고객의 목소리를 대변하는 것처럼, 조사 담당자는 사용자를 대변한다. 유능한 조사 담당자라면 서비스의 타깃으로 예상되는 사람들과 직접 인터뷰를 하고 그들의 습관이나 성향을 알아낼 것이다. 훌륭한 사전조사는 당신이 디자인적으로 옳은 방향으로 가고 있는지 판단하는 데 아주 유용하다. 당신도 사용자 인터뷰에 가능한 한 많이 동참해야 한다. 최종 사용자에 대해 더욱 확실한 개념을 잡을 수 있기 때문이다.

사전조사는 어떻게 디자인하라고 알려주지 않는다. 다만 어떤 방향으로 디자인할지를 알려줄 뿐이다. 그리고 훌륭한 조사 담당자는 권위적으로 굴지 않는다. 단지 자료를 모으고 분석할 뿐이다. 그 자료를 가지고 무엇을 할지 판단하는 것은 당신 몫이다. 따라서 디자인 작업을 시작할 때부터 마칠 때까지 조사 담당자와 자주 면담하면 큰 도움을 얻게 된다. 당신이 내리는 결정이 옳다는 사실이 그들의 조사에 의해 입증되기 때문이다. 모든 프로젝트의 성패는 최종목표로 하는 사용자들에게 얼마나 많은 영향을 불러일으키는지에 달려 있다. 그리고 조사 담당자는 사용자를 들여다볼 수 있도록 당신의 눈이 되어 준다. 그들을 잘 대접해라.

**정보 디자이너**

정보 디자이너 또는 정보 '설계자'는 디자이너의 한 유형이다. 당신도 그중 한 사람일지도 모르겠다! (짧은 여담을 하나 하자면, 나는 '정보 설계자'라는 표현이 싫다. 그래픽 노블\*처럼 부끄러운 단어다. 디자이너는 그냥 디자이너일 뿐이다.) 정보 디자이너는 사물의 구조를 알아낸다. 예를 들자면 모든 것이 서로 잘 맞아떨어지는지, A라는 지점에서 B라는 지점까지 어떻게 이동할 것인지, 분류체계, 원칙의 정비, 카테고리 등을 말이다. 기본적으로 그들은 사물이 어디에 있고 당신이 어떻게 거기까지 도달할 수 있는지를 알아낸다.

정보 디자이너는 사이트의 구조와 뒤에 숨어 있는 원칙들, 즉 청사진을 구체화시킨다. (그래서 '설계자'라고 불리기도 한다.) 대체로

---

\* 만화 형태로 된 소설 혹은 만화와 소설의 중간 형식

이 과정은 '페이지 도식'이라고도 알려진 와이어프레임에서 입증된다. 사용자에게 보여지는 단계에 이르기 전, 기본 골격을 이루는 와이어프레임 단계에서 우리는 고객에게 사이트의 바탕을 이루는 구조를 승인받아야 한다. 이런 방식으로 우리는 작업 도중 다양한 단계에서 고객의 동의를 구한다. 그렇게 해두면 만일 문제가 생기더라도, 마지막으로 동의한 지점까지는 놔두고 그 이후의 작업만 다시 풀어나가면 된다. 항해 도중 배에서 밧줄이 완전히 풀리지 않도록, 밧줄 하나에 여러 개의 매듭을 묶어두는 것과 마찬가지 이치다.

그렇다면 정보 디자이너가 승인을 얻어낼 때까지 시각 디자이너는 두 손 놓고 기다려야 할까? 아니다. 양쪽 모두 가능한 방안을 도출해내기 위해 최대한 긴밀하게 일하고, 승인을 얻은 다음에 각자의 작업을 수행하는 게 가장 좋은 방법이다. 문제는 함께 풀되, 실행은 따로 하라는 소리다.

어느 날 책상 앞에 불쑥 나타난 정보 디자이너를 맞이한 적 있는가. 멀찌감치 떨어진 자리에 콕 박혀서 헤드폰을 낀 채 일하던 그들이 100개도 넘는 와이어프레임을 떨구고 가는 상황 말이다. 나도 오랜 기간 여러 회사에서 수차례 겪어봤다. 정보 디자이너가 누구냐에 따라서 던져주는 와이어프레임의 완성도가 달랐다. 연필 스케치부터 시작해서 완전히 구체화된 페이지 모형까지 종류도 가지가지였다. 와이어프레임을 던지고는, 그들은 다음 프로젝트 속으로 홀연히 사라져 버렸다. 우리는 흔히 이런 행동을 '폭포' 개발과정이라고 부른다. 이런 일을 당하면 정보 디자이너들을 큰 통에 넣어서 폭포 밑으로 던져버리고 싶은 충동을 느끼게 되니까.

정보 디자이너와 일할 때, 나는 대형 화이트보드를 세워놓고 우리가 함께 일하는 부분을 도표로 그려놓는 방식으로 일한다. 이때 공통의 솔루션을 빨리 개발하면 할수록 프로젝트가 더 순조롭게 진행된다. 화이트보드에 쓰면 수정하기도 쉽고 빠르다. 우리는 사진도 많이 찍는다. 왜냐하면 작업하다 말고 이전 단계로 되돌아가야만 하는 때가 생길 것이고, 고객을 위해 이 모든 과정을 기록으로 남기는 게 좋은 방법이기 때문이다. 작업이 진행되는 동안 서로의 작업을 더 많이 확인하고 검토할수록, 함께 동의하는 강력한 솔루션에 도달할 가능성이 높아진다.

## 누가 레이아웃을 책임지지?
## 논란을 단번에 끝내자

매일, 당신이 지금 이 책을 읽는 동안에도 전 세계 어딘가에서는 디자이너가 고객에게 페이지 도식이나 와이어프레임을 프레젠테이션한다. 전문적인 훈련을 받지 않은 사람 입장에서는 페이지 도식이 끔찍하게 헷갈리는 녀석이라, 제대로 이해하기가 무척 어렵다. 심지어 웹사이트 운영자도 마찬가지다. (냉장고 전기회로도를 본 적 있나? 냉장고를 하루에 몇 번씩 여닫지만 말이다.) 이 복잡하고 헷갈리는 문서를 보여주면서 고객을 괴롭힌 것만으로는 성에 차지 않는 사람처럼, 우리는 매일 고객에게 가장 큰 거짓말을 던진다.

"이것이 레이아웃을 의미하는 것은 아닙니다."

아니, 이런! 어떻게 페이지 도식이 레이아웃을 뜻하지 않는다고 말할 수 있지? 사실 이러한 발언은 일반적으로, 다음 단계에 시각 디자이너가 각각의 요소들을 이리저리 움직이며 공간을 정리하고 시각적 경험을 창조할 때 자유롭게 일할 수 있도록 충분한 재량권을 남기기 위해 하는 말이다. 이건 우리가 사랑하는 일이기도 하다.

한번은 함께 일하던 정보 디자이너가 내게 '화면의 요소를 움직였다'는 이유로 소리를 지른 적이 있다. (이제 그녀는 우리와 함께 일하지 않는다. 우리 업계에서는 완전히 사라졌다는 뜻이다. 무슨 이유로 그녀가 업계를 떠난 건지 밝혀진 사실은 아무것도 없다.) 하지만 우리는 이 문제를 고객에게 떠넘기고 있다. 우리는 고객의 눈앞에 놓인 가장 명백한 것, 즉 '잘 정리된 상자'를 무시하라고 말할 수는 없다. 만약 우리가 이 멍청한 말을 끊임없이 되풀이하지 않았다면 아낄 수도 있었을 그 모든 회의 시간에 대해 생각해봐라.

몇 년 동안이나 우리는 강이 거꾸로 흐르게 만들기 위한 아이디어들을 주고받았다. 이제 비유는 집어치우자. 우리가 '레이아웃'이라고 부르는 것이 진짜가 될 수 있게 만들어라. 그러려면 처음부터 시각 디자이너와 정보 디자이너가 함께 일해야 한다. 기본 그리드와 잠정적 레이아웃, 핵심기능 배치 등에 대해 두 디자이너가 합의하도록 해라. 그리고 프로젝트가 진행되는 동안 무슨 일이 벌어지는지 관련자들 모두에게 알려서, 그 발상을 발전시키는 데 모든 사람을 참여시켜라.

이런 방식으로 일해야 당신이 고객 앞에 디자인 작업을 내놓을 때 "이것이 우리가 지향하는 레이아웃의 방향이며, 다 같이 힘을 모아 레이아웃을 발전시켜나갈 것입니다."라는 식으로 더 깊고 많은 얘기를 내놓을 수 있다. 그러니, 레이아웃은 누가 책임지지? 여러분 모두가 책임진다. 이제 논쟁은 그만해도 되겠지? 제발! 진 빠진다.

**개발자**

웹 디자이너라면 코딩하는 법도 알아야 한다. 하지만 당신도 나처럼 환상적인 개발자들과 일할 수 있는 특권을 누리고 있다면, 기술이 살짝 녹슬었을지 모르겠다. 비록 당신이 지난 몇 년 동안 우리 업계에서 엄청난 발전을 주도해왔다 해도 말이다. 나는 사무실에 있는 모든 사람 중에 개발자들과 가장 밀접하게 일한다. 왜냐하면 코드를 만들기 전까지는 단지 웹사이트의 그림만 보고 있기 때문이다. 우리는 서로의 작업에 대해 의견을 주고받으며 꽤 빠른 속도로 일을 진행한다. 나는 그들에게 뭘 개발해달라고 넘기는 대신에 개발 작업을 함께한다. 코딩 작업에 빨리 착수할수록 처리 과정도 빨리 반복할 수 있다.

예를 들어 우리 모두는 반응형 웹 디자인Responsive Web Design★을 사랑한다. 당신도 동의하겠지? 이번 주에 나는 어느 사이트의 데스크톱 버전 풀사이즈 데모(시안) 작업을 시작했다. 그리고 우리가 기본 틀에 합의하자마자 우리의 개발자 짐 레이Jim Ray는 그걸 가져가서 반응형 작업에 적용하기 시작했다. 그런데 거의 15분마다 한 번씩 나와 짐, 둘 중 한 명은 지금까지 해온 작업을 수정해야만 했다. 상대방이 문제점이나 더 나은 방식을 발견했기 때문이다. 덕분에 디자인과 개발 담당자가 서로 정보를 주고받으면서 빠르고 현명하게 결정을 내릴 수 있었다. 만약 내가 반응형 상태 모형을 전부 만든 후에 짐에게 넘기고 코드 작업을 하라고 했다면 어땠을까? 이런저런 실수들이 그대로 굳어졌을 테고, 우리는 실수를 없애는 데 몇 날 며칠을 허비했을 것이다. 우리가 그

★ 사용자의 장치 특성에 따라 화면 배치가 유연하게 변하도록 구현하는 것을 반응형 웹이라 하고, 이 반응형 웹을 구현하는 디자인을 반응형 웹 디자인이라 한다.

상태로 고객에게 최종 디자인을 승인해달라고 요청했다면, 더 말할 것도 없이 보기 좋게 깨졌겠지.

우리는 종종 무엇을 만들지 감을 잡기 위해 시안을 대충 만들기도 한다. 바로 이런 이유로 최종 결과물을 제출할 때 포토샵 시안을 함께 보내지 않는다. 포토샵 시안은 우리가 만들어낸 결과물과는 별로 닮지도 않은 엉망진창 미완성품이기 때문이다. 고객이 웹사이트를 만들어달라고 돈을 낸 상황에서, 그림을 업데이트하느라 작업 시간을 허비하지 마라.

**엔지니어**

엔지니어는 당신이 디자인한 것을 만들어낸다. 그들은 작업의 특색에 따라 애플리케이션 엔지니어, 웹 개발자, 소프트웨어 엔지니어 등 다양한 이름으로 불린다. 종종 이들을 뭉뚱그려서 '백엔드 엔지니어backend engineers'라고 부른다. 그런가 하면 어떤 사람들은 '프론트엔드 엔지니어frontend engineers'라고 부르기도 한다. 나는 개발자들이 디자이너와 긴밀하게 공조하기 때문에 엔지니어와 따로 분류했다. 때로는 디자이너와 개발자가 같은 사람일 때도 많아서, 일반적인 엔지니어와 디자이너의 관계와는 다르다고 생각한다. 자바 스크립트, 루비, PHP와 파이썬 같은 프로그래밍 언어로 옮겨가면서, 개발자 자신이 엔지니어로 불리길 원하는 (그리고 더 많은 급여를 요구하는) 경우가 늘고 있긴 하지만. 혹시 '엔지니어에 의한 디자인'이라는 구절을 들어보았나? 아마도 그들은 '디자이너에 의한 엔지니어링' 같은 말을 좋아할지도 모르겠다.

아주 오래 전 창업기업에서 힘들게 일하던 시절에, 나는 이제 막 합류한 회사의 제품에 대한 디자인 개편작업을 하고 있었다. 디자인 팀은 새로운 회원가입 프로세스를 연구하고 있었는데, 나는 3번 프로세스가 2번보다 앞에 와야 한다고 주장했다. (너무 오래된 일이라 내가 옳았는지는 이제 기억나지 않는다. 일단 내가 옳았다고 가정해보자.) 나보다 더 오래 작업에 매달렸던 나머지 팀원들은 제품이 애초에 그렇게 설계되지 않았기 때문에 프로세스의 순서를 바꿀 수가 없다고 주장했다. 나는 디자이너들이 논쟁을 벌이는 걸 정말 듣기 싫어한다. 그들은 옳고 그름을 따지기 위해서가 아니라, 이해하기 어려운 대화를 피하려고 논쟁을 벌이기 때문이다. 그래서 나는 "엔지니어에게 물어보죠."라고 말했다.

"그럴 순 없소!"
"왜 안 됩니까?"

그때야 나는 엔지니어들이 그 프로젝트를 작업하고 있는 동안 어떤 디자이너도 그들과 대화를 나누지 않았다는 사실을 알게 되었다. 모든 것은 최종 결과물 상태로 전달되었고, 엔지니어들은 우리가 알지 못하는(또는 물어보지 않은!) 제약 때문에 결정된 디자인안을 그때그때 변경해가면서 한꺼번에 작업했다. 그리고 두 왕국은 평화롭게 공존하고 있었다. 다음 날 나는 수석 엔지니어와 함께 점심식사를 한 뒤, 내 책상에 가서 무언가를 보여줘도 되겠느냐고 물었다. 그리고 그에게 프로세스 3번이 프로세스 2번의 앞으로 오는 새로운 회원가입 프로세스를 설명했다.
"우리가 지금 하는 방식이 아니네요." 그가 말했다.

나는 신용카드 정보등록을 마지막으로 옮기고 사용자의 다른 데이터들을 전면 배치하는 새로운 프로세스를 도입하면, 회원 가입률이 높아질 것으로 생각한다고 설명했다. 사이트를 둘러보느라 이미 많은 시간을 들인 사용자를 예로 들면서 말이다. '이 사이트 참 재미있네. 찬찬히 둘러보는 데만 20분이 걸렸어. 회원가입을 할까 말까? 그냥 나가기엔 들인 시간이 아깝잖아? 가입하는 데 돈 드는 것도 아니고. 가입하지도 않을 사이트 기웃거리느라 시간을 허비한 꼴이 되면 나만 손해야.' 그래서 그 사용자가 도망가지 않고 회원으로 가입하게 될 확률이 좀 더 높아질 거라고 말이다.

그는 좋은 생각이라고 동의하고, 우리는 함께 제작 책임자에게 계획을 제시했다. 그리고 그때부터 우리는 엔지니어들과 정기적으로 면담했다. 문제를 함께 찾아내고 해결했기 때문에 엔지니어에 의해 디자인이 변경될 가능성도 눈에 띄게 줄어들었다. 숙련된 엔지니어일수록 유행에 휩쓸리지 않으며, 실용적인 결정을 내린 경험도 풍부하다. 그리고 당신만큼이나 그들도 자기 일을 훌륭하게 처리한다. 그리고 당신이 내린 디자인 결정에 대해 근거를 논리적으로 설명하기만 하면, (당신은 함께 일하는 사람 누구에게라도 근거를 설명할 수 있어야 한다.) 그들이 엄청난 지원군이 된다는 사실을 알게 될 것이다. 하지만 무도회장에서 각각 반대편 벽에 선 채, 상대방을 이상하다고 생각하면 아무도 같이 춤을 출 수 없게 된다.

디자이너들은 자신들이 하는 일은 매우 주관적이기 때문에 '어렵고' 엔지니어가 하는 일은 '정답'이 있기 때문에 '쉽다'고 생각하는 경향이 있다. 하지만 장담하는데, 엔지니어가 문제를 풀 때도 디자이너가 문제를 풀 때만큼, 또는 그 이상으로 창의력이 필요하다.

## 마케팅 전문가

나는 항상 모든 디자인은 그 자체가 마케팅이라고 믿어온 사람이다. 잘 디자인된 의자는 어서 앉으라고 당신의 엉덩이를 유혹하고, 잘 디자인된 자전거는 우리 중에 가장 바른 사람조차도 훔치고 싶게 만든다. 그리고 잘 디자인된 웹사이트는 빨리 사용하고 싶게 만든다. 그렇다면 도대체 왜 '마케팅' 얘기만 나오면 디자이너들은 입맛이 개운하지 않은 걸까? 마케팅이 대부분 형편없기 때문이다.

디자이너 중에 좋은 디자이너와 나쁜 디자이너가 있는 것처럼, 마케팅 전문가 중에도 좋은 마케팅 전문가와 나쁜 마케팅 전문가가 있다. 좋은 마케팅 전문가는 사용자를 위해 일한다. 반면 나쁜 마케팅 전문가는 광고주를 위해 일한다. 좋은 마케팅 전문가는 사용자들에게 최고의 경험을 선사하기 위해 당신과 함께 힘을 합쳐 일할 것이다. 그들의 우선순위는 사용자들의 욕구를 계속 충족시키는 데 있기 때문에, 자신이 맡은 사이트가 계속 유지될 수 있도록 잘 만들려고 노력한다. 혹시 당신이 나쁜 마케팅 전문가와 일하는지 알아보는 가장 쉬운 방법은 그들이 뭔가를 말했을 때 "그게 무슨 뜻인지 설명해주실래요?"라고 물어보는 것이다. 그들이 설명하지 못하면 심장에 말뚝을 냅다 박아버려라. 드라큘라 같은 놈들이다.

나쁜 디자이너와 나쁜 마케팅 전문가를 같이 붙여놓으면 엄청난 쓰레기를 내놓게 된다. 양쪽 모두 아주 심한 불평을 해댈 것이고, 결국 "저 사람이 내 일을 제대로 할 수 없게 만든다."라는 말이 나올 것이다. 좋은 마케팅 전문가와 좋은 디자이너가 같이 작업하면, 그들이 혼자서는 절대로 만들어낼 수 없을 법한 업적을 이루어

★ 상업 디자인을 하는데 신물이 났다면 세상에 도움이 되는 디자인 작업을 하라는 얘기다. 예를 들어 멸종 위기의 동물을 구하는 캠페인을 벌이거나, 에너지 절약을 유도하는 앱을 만들거나.

낼 것이다.

그러니 몇 가지만 간청하자. 첫째, 마케팅에 조건반사적인 반응을 보이지 마라. 좋은 마케팅 전문가를 찾아내서 함께 일해라. 둘째, 당신도 마케팅 업무를 담당하고 있다는 것을 인정해라. 당신은 타고난 설득의 달인이다. 사람들이 더 좋은 일을 하도록 설득해라. 당신부터 시작하면 된다. 200달러짜리 농구화를 가난한 아이들에게 팔아먹는 일에 이제 신물 났다면, 사람들한테 어떤 일을 하라고 설득하고 싶은지 당신 자신에게 물어봐라. 그리고 가서 그 일을 해라.★ 아 참, 당신을 도울 수 있는 훌륭한 마케팅 전문가도 구해야 한다.

### 콘텐츠 전략가

마지막을 위해 내가 가장 좋아하는 사람을 남겨두었다. 최근 콘텐츠 전략이 재조명되고 있어서, 그런 분위기를 보는 것만으로 기분이 좋아진다. 사람들이 콘텐츠 전략에 대해 얘기하고, 입지를 공고히 다져주는 걸 보면 신이 난다. 다른 한편에서는 콘텐츠 전략을 마치 새로운 기술인 것처럼 다루는 경향도 있다. 웹 디자이너들이 포토샵을 처음 공개하고는 디자인을 발명한 것처럼 행세하던 시절이 떠오른다. 확실히 콘텐츠 전략은 서비스가 충분하지 못한 분야이긴 하지만, 새롭게 세상에 나온 것은 아니다. 하물며 웹의 세상이라면 말할 필요도 없겠지.

책을 거의 다 읽었으니 이쯤에서 나쁜 소식을 알려주겠다. 당신의 훌륭한 디자인 작업 때문에 사이트를 방문하는 사람은 거의 없다. 그리고 디자인 때문에 방문하는 소수의 사람은 당신의 아이디어를 훔치러 들어온다. 사람들은 상품 때문에 사이트를 방문한다. 디자인은 상품을 찾기 쉽게 만들고, 사용하는 즐거움을 안겨준다. 하지만 디자인은 그 상품이 아니다. 웹은 콘텐츠로 만들어져 있다. 디자인은 그 모든 콘텐츠가 제 위치에 오도록 자리를 잡아줄 뿐이다.

그렇다고 실망하지는 마라. 금문교\*는 차량의 통행을 돕기 위해 만들어졌지만, 사람들이 사진을 찍고 싶어 하는 건 바로 그 다리니까. 콘텐츠 전략가들은 고객을 도와 그 모든 일을 정리하고 계획한다. 당신이 원하는 대로 부릴 수 있는 콘텐츠 전략가가 있다면, 프로젝트 초기부터 자주 함께 일해라. (아까부터 계속 반복되는 얘기 같네, 묘하게도.) 물건의 크기를 모르면 그것을 담을 컨테이너를 만들 수 없는 법이다.

어떤 종류의 디자인을 하건 간에, 두 가지 거룩한 질문을 던져 보자. 누구를 위한 것인가? 그리고 그 안에 무엇을 담을 생각인가? 콘텐츠 전략가들은 후자에 대한 해답을 알아내기 위해 하늘이 내려준 선물 같은 존재들이다. 당신은 디자인할 때 그 해답을 담고 있는 정보에 귀 기울여야 한다. 고양이를 담는 캐리어에 고릴라를 쑤셔 넣을 수는 없는 노릇 아닌가?

---

\* 샌프란시스코와 북쪽 맞은편의 머린 카운티를 연결하는 다리. 샌프란시스코를 대표하는 랜드마크다.

### 당신이 책임을 맡게 되었을 때

한번은 큰 인터넷 회사의 재능 있는 내부 디자이너와 함께 일할 기회가 있었다. 그의 이름을 바비라고 부르자. 바비는 재능 있고 성격 좋은 친구였다. 회사 구석구석에 대해 잘 알고 있었다. 항상 사람들에게 도움을 주고 싶어했고, 좋은 생각을 가지고 있었다. 나는 바비와 함께 일하는 것이 즐거웠다.

프로젝트가 거의 다 끝나갈 무렵, 호화롭게 꾸며진 회사 구내식당에서 바비와 함께 점심을 먹었다. 내가 황새치 요리를 음미하고 있을 때, 바비는 디자인 디렉터 자리가 공석이 되었다면서 지원할까 고민 중이라고 말했다. 나는 적극적으로 권했다. 그는 유능하고, 사람들과도 잘 어울리고, 회사 내에서도 높이 평가받고 있었으니까. 그는 나의 격려에 감사하고, 디렉터에 지원하기로 결심했다. 몇 주 후에 우리는 프로젝트를 완료하고 회사로 돌아왔다. 그리고 바비에게서 그 자리를 따냈다는 이메일을 받았다. 나는 축하 답장을 보냈다. 그의 자신감과 성실함이 마침내 결실을 맺게 되어서 매우 기뻤다.

1년 정도 지난 후에 우리는 같은 회사와 다른 계약을 맺었다. 아쉽게도 이번에는 바비와 함께 일하지 않았지만, 회사에 간 김에 그를 찾아갔다. 바비는 다른 사람처럼 보였다. 다크 서클이 눈 밑에 내려와 있고 혈색은 창백했다. 그리고 그의 사무실에는 서류철이 산더미처럼 쌓여 있었다.

"어떻게 지냈어요, 바비? 점심이나 같이 할래요?"

식사를 하면서 바비는 프로젝트별로 디자이너들의 일정을 짜고, 관리자 회의에 참석하고, 휴가를 조정하며, 사내 정치에 대처하는 등 끝없는 일과로 인해 그의 직장 생활이 어떻게 변질되어 버렸는지 털어놓았다.

"내가 디자인을 하고 싶다고 해도, 이제는 시켜주지 않네요." 그가 말했다.

**회사 내 지위 vs 전문가로서의 성장**

바비의 이야기는 슬프지만, 꽤 흔한 일이다. 나는 일자리를 쫓아가는 친구들을 수도 없이 많이 보았다. 그들은 이력서에서 그 일자리가 논리적으로 다음에 와야 한다고 생각하기 때문이다. 그리고 분명한 것은 승진하면 더 큰 연봉으로 보상받는다는 거다. 누군가 더 나은 삶을 영위할 기회를 가졌다고 해서 그것을 못마땅해할 수는 없는 노릇이다. 하지만 더 나은 삶을 영위하기 위해 그 대가로 당신이 사랑하는 일을 포기해야만 하는 걸까? 사람들을 가장 잘하는 일로부터 떼어내서 승진시켜 버리는 회사는 과연 얼마나 똑똑한 걸까? 그들의 재능을 보호하는 동시에 그들에게 보상할 수 있는 더 좋은 방법이 분명히 있을 것이다.

당신의 경력이 늘어날수록 더 많은 책임을 지게 되는 것은 당연한 일이다. 그 와중에 더 많은 돈을 버는 것도 당연하다. 당신은 작업의 책임자가 되고 싶나? 아니면 사람들의 책임자가 되고 싶나? 내가 아는 한, '직함' 때문에 일을 맡았던 사람 중에서 그 결정이 옳았다고 생각하는 사람은 없었다. 하고 싶은 일을 할 수 없게 될 거라는 사실을 미리 알고 있었던 사람조차도 그랬다. 단 한 명도 없었다.

경력이 쌓이면, 당신은 다음 단계로 넘어갈 방법을 선택해야 하는 상황에 놓이게 된다. 당신의 회사를 차릴 생각인가? 큰 회사의 디자인 디렉터가 되는 게 목표인가? 베벌리힐즈의 으리으리한 현대식 저택에 살면서 1년에 6개월만 일해도 먹고 사는 데 지장이 없는 스타 컨설턴트가 되고 싶나?

선택은 당신의 몫이다. 하지만 나라면 당신이 사랑하는 일, 그러니까 디자인을 하지 못하게 만드는 자리는 피하라고 충고하겠다. 물론 '디자인이 무엇인지'에 대한 정의가 바뀔 수는 있다. 내 친구인 존 그루버John Gruber는 스티브 잡스의 가장 위대한 업적이 특정한 애플 제품을 디자인한 것이 아니라 애플 그 자체를 디자인한 것이라고 말했다. 어느 시점에 당신도 특정 제품이나 특정 웹사이트를 디자인하는 대신, 그런 제품을 디자인하는 팀을 디자인하는 경지에 오를지도 모른다. 그리고 결국에 가서는 그런 디자인 팀들을 가지고 있는 회사들을 디자인할 수도 있다. 그렇다고 해서 당신이 디자인 작업을 그만둔 것은 아니다.★

만일 다음에 승진하게 될 자리가 디자인 품질을 관리하는 게 아니라 사람을 관리하는 것을 의미하는 회사에 다니고 있다면, 하루 속히 도망쳐라. 최고의 디자이너를 작동불능으로 만들어버리는 멍청한 기업 조직에 좋은 사람을 빼앗기기에는, 우리가 디자인해야 할 것들이 너무 많다. 사람들을 관리하고 휴가 일정을 조율하는 일을 사랑하는 사람도 있다. 그 일은 그들에게 맡겨라.

★ 이 말은 현장에서 디자인을 하지 않는다고 해서 디자인 작업을 그만둔 것은 아니라는 것이다. 디자인 팀이나 디자인 팀을 거느린 회사를 이끌어 디자인 디렉팅하는 것은 좀 더 큰 디자인 영역에 속한다는 이야기다.

## 다른 사람들을 지휘하기

역사상 가장 위대한 디자이너라고 해도 혼자서 일할 수 있는 속도와 일의 양에는 한계가 있다. 기껏해야 남들보다 좀 더 빨리, 좀 더 많이 작업할 수 있을 뿐이다. 결국 당신이 성공한다는 것은 두 가지 경우 중 하나가 될 것이다. 일에 치여서 미쳐버리지 않고도 생산량을 획기적으로 늘리는 방법을 찾아내거나, 아니면 회사에서 한 사람 몫의 일만 하기에는 당신이 너무나 소중한 자원이라는 결정을 내리거나. 후자의 경우를 좀 더 구체적으로 말하자면 회사가 다른 디자이너를 고용한다는 뜻이고, 이제 당신이 그들을 지휘해야 한다는 뜻이다. 일정 수준에 도달한 디자이너를 가장 가치 있게 활용하는 방법은 그 디자이너가 아는 것을 다른 디자이너에게 가르치도록 하는 것이다. (당신은 그들의 작업 품질에 대해 책임지되, 인사나 행정 같은 관리 업무는 맡지 않도록 확실하게 못 박아라.)

나는 오랫동안 뮬 디자인에서 다른 디자이너들을 지휘해왔다. 처음에는 실력이 형편없었다. (방금, 적어도 열 명의 직원이 "지금도 형편없다."고 속닥거렸다.) 마우스를 뺏어 들고 "내가 할 테니 저리 비켜!"라고 소리 지르고 싶은 충동이나 아랫사람과 디자인 실력을 겨루고 싶은 경쟁심을 극복하려면 시간이 걸린다. 솔직히 말해서 다른 디자이너에게 일을 시키는 것보다 당신이 직접 작업하는 편이 낫다. 아마 훨씬 빠르고 완성도도 높을 것이다. 하지만 그렇게 하면, 사건이 터질 때마다 언제나 마지막 순간에 나타나서 무능한 경찰 대신 도시를 구하는 배트맨 노릇을 영영 그만둘 수 없다.

다른 사람들을 지휘할 때 지켜야 할 첫 번째 법칙은 바로 그 자부심을 버리는 것이다. 아니면 방향이라도 바꾸든가. 이제 게임은 당신이 얼마나 디자인을 잘하느냐에 달려 있지 않다. 당신이 얼마나 다른 사람들과 함께 일을 잘해서 좋은 디자인을 만들어낼 수 있느냐에 달려 있다. 그게 안 된다면, 당신의 능력은 혼자서 만들어낼 수 있는 것으로만 제한되어 옴짝달싹할 수 없게 될 것이다. 그런 상황에서는 아이디어도 당신 혼자 생각해내는 범위에만 한정된다는 게 당연하다. 다른 디자이너들을 지휘할 때 느끼는 가장 큰 보람은 내가 상상도 하지 못한 아이디어를 그들이 제시하는 것을 보는 것이었다. 그리고 그 아이디어가 결실을 맺도록 같이 일하면서 그들을 도와주는 것이었다.

아랫사람들에게 실패할 수 있는 자유를 허락해라. 당신이 뛰어들어 그들을 구해주기 위해서 그러라는 건 아니다. 당신이 절대로 그들을 구해주지 않으리라는 사실을 그들이 확실하게 믿을 수 있도록 실패할 자유를 주라는 말이다. 우리는 회복하는 법을 배우기 전에 실패하는 법을 먼저 배워야 한다.

당신이 지휘하는 디자이너들은 진행 중인 작업을 당신에게 기꺼이 보여주어야 한다. 이 일은 프레젠테이션 상황이 아니다. 친밀한 자리다. 이건 어깨너머로 작업하는 걸 구경하는 것과도 비슷한 상황이다. 누군가가 등 뒤에서 모니터를 힐끔거리는 걸 좋아하는 사람이 몇 명이나 될까? 단 한 사람도 없다. 그래서 양쪽 모두 신뢰를 쌓아야 한다. 이것은 디자이너 어깨너머로 작업을 지켜볼 수 있는 사람이 오직 당신이어야만 한다는 뜻이기도 하다. 당신과 프로젝트 관리자? 아니다. 당신과 팀 전체? 이것도 안 된다. 당신 혼자여야 한다. 아무런 생각도 나지 않고 꽉 막힌 상태에서 진도가 나가지 않을 때, 디자이너들이 이 사실을 당신에게 털어놓아도 안

전하다고 느껴야 한다. 그리고 꽉 막힌 상태에서 벗어나도록 도와달라고 요청할 수 있을 정도로 그들이 당신을 믿고 의지할 수 있어야 한다.

디자이너의 수준에 따라 지휘방식도 달라져야 한다. 젊고 경험이 부족한 디자이너라면, 잦은 면담과 좀 더 지시적인 피드백이 필요하다. 반면에 경험이 많은 디자이너라면 가끔 궤도를 수정하는 정도의 지시만 내려도 좋다. 아래 거느린 디자이너의 실력이 더 높다고 해도, 훌륭한 디자인 디렉터라면 자신이 책임지고 있는 사람 각각에 대해 최선의 접근 방식을 찾아내야 할 것이다.

하지만 이런 다양한 접근법도 아랫사람들이 지휘받기를 거부하면 아무 소용이 없다. 그리고 당신이 지휘자로서 충분히 강력하지 않아도 마찬가지 상황이 온다. 전에 지시를 받아본 적이 아예 없거나 나쁜 디자인 디렉터와 일하면서 상처 입은 디자이너와 일하게 되는 경우가 있다. 둘 중 어떤 상황이든 간에, 관계가 어떻게 설정될 것이고 누가 책임자인지에 대하여 솔직하게 알려주어야 한다. 그들 입장에서는 반항해도 되는 때가 언제인지, 시키는 대로 따라야 하는 때가 언제인지를 이해해야만 한다. 왜냐하면 그럴 때가 반드시 찾아오기 때문이다. 궁극적으로 당신은 고객에게 좋은 작업을 전달해야 하는 책임을 가지고 있다. 따라서 경험이 부족한 디자이너를 훈련하는 일은 그 때문에 고객과의 약속이 타격을 입지 않는 한도 내에서 진행되어야 한다. 보조 바퀴를 달고 있는 디자인을 고객에게 넘길 수는 없는 노릇이다.

다른 사람을 지휘할 때 가장 위험한 순간은 사람의 실력에 대한 평가가 서로 다를 때 찾아온다. 자신의 실력이 실제보다 더 출중하다고 믿는 젊은 디자이너는 당신의 지휘를 받아들이지 않을 것이며, 오히려 당신에게 반항하고 방어적인 태도를 보일 것이다. 당신이 지적하는 문제에 대해 열린 마음으로 보는 대신, 왜 당신이 문제가 있다고 여기는지 궁금해할 것이다. 그들은 당신에게 지휘받기를 거부했고, 그 관계는 좋은 결실을 보기 힘들 것이다.

뮬 디자인에서는 디자이너를 정식으로 고용하기 전에, "당신의 재능과 경험이 이러이러한 수준에 와 있다고 생각한다."고 확실히 말해준다. 또한 6개월 안에 실력이 어디까지 성장하기를 기대하는지, 그리고 어떤 방식으로 우리가 함께 노력해서 그 수준에 도달할 것인지 설명한다. 그들이 평가에 수긍하고 기대치를 충족시키는 데 꼭 필요한 노력과 헌신을 하겠다고 약속하면, 그들을 고용한다. 나는 디자이너를 뽑을 때마다 언제나, 이 다음에 내 후계자로서 우리 회사의 디자인 디렉터 자리에 오를 수 있는 아주 유능한 사람을 찾고 있다.

**상사가 된다는 것**

지도력이 자연스럽게 나오는 사람도 있다. 하지만 나는 그런 사람이 아니다. 나는 내가 하는 디자인 작업을 선택할 수 있기를 바랐고, 회사를 운영할 수 있다고 믿을 만큼 오만했기 때문에 내 회사를 차렸다. 솔직히 말해서 회사 운영이 얼마나 힘들지 꿈에도 몰랐기 때문이기도 하다. 어쩌면 그래서 차라리 다행인지도 모르겠다.

당신도 어디서든 쉽게 볼 수 있는 경고 표지판을 알고 있을 것이다. 톱니 사이에 끼어서 망가진 손이라던가, 울타리에 머리카락이 걸린 사람 모양 같은 것 말이다. 도대체 무슨 일이 있었길래 그런 경고 표지판이 붙었는지 궁금했을 것이다. 말하자면 이 책도 그런 경고 표지판 모음집이다. 나는 책 안에 수록된 모든 교훈을 어렵게 얻어냈다. 그중에서 책임자가 되는 것에 대한 교훈만큼 힘들게 얻어낸 것도 없었다. 당신이 프로젝트의 수석 디자이너이든, 디자이너 집단의 디렉터나 회사 대표, 또는 배의 선장이든 간에 당신 팀의 성공은 당신의 강력한 지도력에 달려 있다.

나는 TV를 좋아한다. 한동안은 〈고래 전쟁 Whale Wars〉이라는 황당한 리얼리티 프로그램에 심취했었다. 사람 좋은 히피들과 부모에게 반항하는 부유층 자제들이 배를 타고 고래를 보호하겠다며 일본의 고래잡이 선단을 쫓아다니면서 남태평양을 누비는 내용이었다. 이 프로그램은 '착한 녀석들'과 '나쁜 녀석들'을 확연하게 구분해주었다. 고래는 끝내주게 멋진 생물이다. 죽은 고래를 배 위로 끌어올려 내장을 꺼내는 모습을 보고 싶어할 사람은 아무도 없다. 아주 끔찍하니까. 방송을 보면 파촐리* 냄새가 진동하긴 하지만 심성만은 고운 히피들이 착한 녀석이 되려고 노력하고 있었다.

하지만 히피 배의 선장은 무능한 리더였다. 그 어떤 결정도 내리지 못했다. 선원들에게 화가 나면 제대로 표현하지 못하고 오히려 그들의 화를 돋우는 말만 늘어놓았다. 방송이 클라이맥스에 이르러서는 결국, 그는 선원들에게 스스로 상황에 알아서 대처하라고 말하고는 자기 방에 틀어박혀 나오기를 거부했다. 선원들은 어

---

* 동남아시아 산 식물. 또는 그 향유로 만든 향수. 주로 여성들이 좋아하는 향

찌할 바를 몰랐다. 나타나지 않을 지도자만 목이 빠지라 기다리는 형국이었다. 그건 정말 끔찍한 기분이 드는 상황이다. 프로그램의 최종회가 다가올 무렵에는 차라리 일본 고래잡이 선단이 그 배를 침몰시키는 게 낫겠다는 생각이 들 정도였다. 그런 몹쓸 생각을 할 정도로 나는 나쁜 놈이다. 하지만 고래들은 적어도 그 선장보다는 좀 더 나은 지지자를 거느릴 자격이 있다.

우리는 배 위에서 일하지 않고, 해양법의 적용을 받지도 않는다. 그래서 선장이 나오기를 애타게 기다리는 대신에, 당신이 찾고 있는 리더의 역할을 결국 당신이 맡아야 한다고 충고할 수 있어 참 다행이다. 적어도 반란죄로 기소될 일은 없으니 안심해라.

## 썩 괜찮은 상사가 되는 방법

**팀원과 수평적 관계를 맺어야 한다고? 그건 거짓말이다**

우리는 복잡한 생명체가 아니다. 단지 HTML5를 다룰 줄 아는 침팬지일 뿐이다. 그리고 침팬지들처럼 우리도 두목이 누구인지 알고 싶어한다. 서열이 유동적이면 불안해진다. 지도부가 자신 있게 우리를 옳은 방향으로 인도할 때 비로소 안심한다. 우리가 어떤 책임을 지고 있는지, 우리가 맡은 일을 잘하는지 못하는지를 알고 싶어한다. 특히 어떻게 하면 일을 잘할 수 있는지에 대한 설명이 따라오면 더욱 그렇다. 다른 침팬지 앞에서 상 받는 것을 좋아하고, 벌 받을 때는 자존심을 지키기 위해 남들 모르게 조용한 곳에서 받고 싶어한다. 디자이너인 우리도 마찬가지다. 일을 잘하고 있는지 아닌지를 우리에게 일을 맡긴 사람, 또는 침팬지에게서 듣고 싶어한다.

내가 처음 사람들을 고용했을 무렵에는 각자 그들만의 방식을 찾아가도록 흔쾌히 내버려두었다. 더 정확하게 설명하자면, 그들을 특정 방향으로 지시하기에는 내 지도력에 대한 확신이 너무 없었다. 나는 그들의 친구가 되려고 했고, 동료 디자이너가 되려고 했다. 하지만 정작 그들은 어떻게 성공할 것인가에 대한 명확한 기대치를 원했다. 친구가 아닌 상사로부터. 그리고 나는 그들을 실망하게 만들었다. 사람들은 일을 잘하고 싶어하고, 달성해야 할 목표를 원한다. 그리고 당신은 그 목표를 세워야 하는 책임자다.

### 당신보다 똑똑한 사람을 고용하라

누구나 말은 이렇게 하지만, 실행에 옮기기는 어렵다. 당신과 엇비슷하게 똑똑하지만, 당신이 하기 싫어하는 분야에서만큼은 당신보다 더 똑똑한 사람을 뽑는 일이 훨씬 쉬울 것이다. 또는 젊었을 때의 당신 모습을 떠올리게 하는 사람(나를 가장 웃게 만드는 부분이다!)을 고용하는 것도 괜찮다. 하지만 정말로 당신보다 똑똑한 사람을 고용하려면 대단한 자신감과 자아성찰이 필요하다.

그 문제에 대해 이런 식으로 생각해보자. 세상에는 당신보다 더 똑똑한 사람이 많다. 어느 쪽이었으면 좋겠나? 당신을 위해서 일하는 것? 아니면 다른 사람을 위해 일하는 것? 똑똑하고 재능 있는 사람들로 당신 곁을 채우면 당신도 나아질 수밖에 없다. 팀을 위해서도 확실히 올바른 결정이다. 진심으로 아주 똑똑한 사람들로 팀을 꾸리려고 한다면, 당신이 조직에서 가장 똑똑한 사람일 필요가 없다는 사실에 만족해라. 그들이 당신을 위해 일하도록 설득하고 적극적으로 참여하게 할 만큼만 똑똑하면 된다.

### 사과하는 법을 배워라

우리는 지난 몇 년 동안 수많은 실수를 했지만, 그중에서 특별한 실수 하나가 기억에 남는다. 실수 그 자체 때문이 아니라 그것에 대처하는 방식 때문에 그랬다. 아주 깊게 생각한 후에 대처했다고 말할 수 있다면 좋겠지만, 그렇지는 않았다. 가르침을 얻는 방식은 대부분 그런 식이다. 실수하고, 우연히 해법을 찾아내고, 그것을 기억하는 방식.

어쨌든, 우리는 뭔가를 망쳤고 고객과 통화 중이었다. 그는 상당히 기분이 언짢아서 격노하기 일보 직전이었고, 우리 프로젝트 관리자는 고객의 화를 달래고 있었다. 그녀는 '상황이 생각만큼 나쁘지는 않고, 우리가 바로잡을 것이며, 이런 일은 종종 발생한다.' 등의 얘기를 늘어놓았다. 그녀는 자기가 맡은 일을 잘하고 있었고, 고객에게 프로젝트 관리자로서 할 수 있는 모든 것을 제시했다. 마침내 고객은 나와 통화하길 원했다. 나는 수화기를 들었다. 그는 엄청나게 흥분한 상태였고 내게 문제를 설명했다. 그리고 나는 답했다.

"모두 제 책임입니다. 사과드립니다. 다시는 이런 일이 없도록 하겠습니다. 문제를 해결하려면 어떻게 하는 게 좋겠습니까?"

실제로 우리가 일을 그렇게나 망쳤느냐고? 누가 알겠나. 하지만 나는 고객의 분노를 누그러뜨리기 위해선 사과하는 것이 유일한 방법이라는 걸 깨달았다. 다른 사람한테 대신하라고 부탁할 수 있는 일도 아니고, 다른 사람이 사과했더라도 고객이 받아들이지 않았을 것이다. 그리고 솔직히 말해서 책임자로서 내가 넙죽 엎드려야 하는 상황이었다.

당신도 실수할 것이다. 그것도 크게. 실수를 저지르면 당신은 그 실수를 인정하고, 상황을 정리하고, 다음 단계로 넘어가야 한다. 지금까지 실수 때문에 직원을 나쁘게 생각한 적은 없지만, 실수를 인정하지 않는 사람은 도저히 참을 수 없다. 그리고 그것이 고객을 향한 실수라면, 당신은 책임자로서 손을 들고 당신의 실수라고 말해야 한다.

### 이별할 때를 알아라

이 부분이 해고에 대한 것이라고 생각한다면, 반만 맞았다. 물론 해고 얘기도 할 것이다. 나는 최근에 그동안 함께 일했던 디자이너 중에서 내가 가장 좋아했던 사람 중 한 명과 작별인사를 했다. 그녀는 유능하고, 성격도 좋고, 똑똑하고, 함께 일하기 매우 즐거운 사람이었다. 하지만 그녀는 이제 자기 회사를 차려야 할 때가 왔다는 것을 깨달았다. 그녀가 떠난다는 소식을 들었을 때 나는 슬펐다. 그러나 그녀가 자신 있게 자기 일에 착수하는 것을 보면서 그만큼 기쁘기도 했다.

당신이 적당한 사람을 고용한다면, 그는 언젠가는 당신을 떠나거나 당신 자리를 대체하려 할 것이다. (나는 아직 후자를 찾지 못해서 골머리를 앓고 있다.) 불행히도, 이별이 기쁘지 않은 상황일 때도 물론 있다. 가끔 당신은 잘못된 사람을 고용하기도 한다. 때로는 좋은 사람을 고용했는데, 같이 일하기는 어렵다는 사실을 알게 될 때도 있다. 관계가 다시 회복되지 못할 만큼 망가지는 이유에는 여러 가지가 있다. 그리고 문제를 해결하는 방법은 단 하나뿐이다. 책임자 노릇을 한다는 것은 이따금 당신이 누군가를 해고해야 한다는 걸 의미한다.

물론 그 경우에 좀 더 듣기 좋은 이름을 붙일 수도 있다. 그들을 보내주는 것, 다른 기회를 알아보라고 말하는 것, 명예퇴직 등이다. 하지만 다 듣기에만 좋은 헛소리일 뿐이다. 당신은 누군가를 해고한 것이다. 다행스럽게도 나는 인사관리 담당자가 아니고, 인사관리 조언을 하고 있지도 않다.

큰 회사에서 일할 때였다. 나는 베타 단계 마케팅 부서의 디자이너였다. 간단히 말해서 나는 회사에서 이미 끝장나버린 사람이었다. 그 회사에서 꽤 오랫동안 일했었고, 최근 불어 닥친 회사 내부의 변화가 크게 마음에 들지도 않았다. 같이 일하기에 참 까칠한 사람으로 소문나 있었지만, 그땐 아직 젊었기 때문에 회사에서 받는 월급보다 내가 훨씬 더 많이 일하고 있다고 느꼈다. 그때 차라리 내 발로 떠났어야 했다.

하루는 회사 대표가 사무실에 와서는 내 근무태도가 엉망이라고 말했다. (맞는 말이었다.) 그는 내게 2주의 시간을 줄 테니 태도를 개선하지 않으면 해고할 거라고 말했다. 나는 그때까지 한 번도 해고당한 적이 없었다! 나는 그 직장이 싫었지만, 그렇다고 해고당하고 싶지도 않았다. 돈이 필요하기도 했고. 그래서 나는 2주 동안 모범 사원으로 행동했다. (2주 정도면 뭐든지 할 수 있다.) 나한테 주어진 모든 일을 웃는 얼굴로 처리했다는 소리다. 진짜로 해고만은 피했다고 속으로 생각했다. 2주가 지난 후, 대표가 사무실에 찾아와서는 근무태도가 향상되지 않았다며 나를 해고했다. 엄청난 충격을 받았다.

뒤늦은 깨달음도 꽤 도움이 된다. 그 순간을 돌이켜보면 두 가지 생각이 떠오른다. 첫째, 나는 직장을 훨씬 전에 그만두었어야 했다. 나는 이미 끝난 상태였기 때문이다. 둘째, 태도 개선을 위한 2주간의 시간은 처음부터 없었다. 회사 대표가 경고했을 때, 사실상 나는 이미 해고된 것이었다. 그런데도 나는 해고를 피할 수 있는 시간이 2주밖에 없다고 절절매면서 그 2주를 보냈다. 결국 다니지도 못할 직장에서 쫓겨날까 봐 전전긍긍하며 말이다. (실은 세 가지 생각이 떠오른다. 내가 웹 디자인을 배울 수 있도록 자유로운 시간을 준 것에 대해 그에게 고맙다는 말을 전하고 싶다.)

이런 개인적인 경험 덕분에 내가 결심한 게 하나 있다. 기회를 더는 줄 수 없는 직원에게 마치 한 번 더 기회가 있는 것처럼 생각하게 만들지는 않겠다고 말이다. 만약 어떤 직원이 살얼음판을 걷고 있다면, 나는 있는 그대로 얘기한다. 그리고 그가 끝났다는 판단이 서면 그것도 그렇게 얘기한다. 그동안 몇몇 사람을 해고해야만 했다. 누군가를 해고한다는 건 기쁜 마음으로 할 수 있는 일이 아니다. 하지만 누군가 자기 일을 하지 않고 있으면 다른 사람들에게 부당한 부담을 지우는 셈이다. 특히 작은 회사라면 더더욱 그렇다. 다른 사람들에게도 불공평한 일이다. 그들이 맡은 일을 제대로 할 수 없다고 이미 판단해놓고도 해고하지 않고 계속 내버려두는 건 공평하지 않다.

직원들과 명확하게 의사소통을 해라. 그들이 일을 어떻게 하고 있는지 규칙적으로 알려주어야 한다. 만약 그들이 일을 제대로 하지 못한다면 문제를 해결하기 위한 단계와 그 단계를 달성하기 위한 일정표를 정해 줘라. 해고가 예상치 못한 놀라움으로 다가오게 해서는 안 된다. 해고 당하는 일은 기분 나쁘다. 누군가를 해고하는 것보다 훨씬 더 기분 나쁜 일이다. 그러니까 누군가를 해고하려면 명확하고 빠르게 처리해야 한다. 인간적으로 처리하되, 그들이 당신을 나쁜 놈이라고 생각할 권리가 있다는 점은 인정해라. 아무튼 회사를 개선하는 데 필요한 절차를 밟는 것은 당신 책임이다.

지금까지 내가 해고한 사람들은 다른 곳에 가서 일을 잘하고 있다.

**옮긴이의 글**

# 대한민국 모든 '을'이 알아야 할 직업노트

마이크 몬테이로의 《디자이너, 직업을 말하다》는 대한민국의 '을'들에게 하나의 방향을 제시한다는 점에서 특별하다. 그는 디자이너나 프리랜서에게 아무도 들려주지 않는 얘기를 때론 냉소적으로 때론 재미있게 털어놓는다. 디자인 비용을 책정하는 일부터 결제를 관리하는 일까지 프로페셔널로 살아가는 방법들을 일목요연하게 정리한다.

번역하면서 감탄과 탄식이 연달아 나왔다. 프리랜서 사진가의 길을 걸어오며 크고 작은 실수들을 통해 힘겹게 배운 원칙들이 책 안에 고스란히 있었기 때문이다. 마이크 역시, 디자인 회사를 운영하며 수많은 시행착오를 겪었고, 독자들이 자신과 똑같은 실수를 범하지 않기를 바라는 마음으로 책을 썼다고 한다.

문화의 차이가 있기에 '을'의 위치에서 그의 원칙들을 적용하기 힘들 수 있다. 그래도 초짜든, 타짜든 많이 배우고 얻어갈 거라 믿는다. 고객을 위해 열심히 작업하고, 그에 합당한 대우를 받는 것이야말로 공동 이익에 부합하는 일임을 믿어 의심치 않으며, 오늘도 이 땅에서 고군분투하는 을들께 이 책을 권해드린다.

2014년 11월 박준수

**에필로그**

# 훌륭한 디자이너가 되느냐 아니냐는 당신의 선택에 달려 있다

나는 이 책을 시작하면서 거짓말을 했다. 당신을 위해 이 책을 쓴다고. 굳이 변명하자면, 내가 그 말을 했을 당시엔 나도 그렇게 믿었다. 그런데 그게 아니었다. 사실은 나 자신을 위해서 책을 쓴 것이다. 왜냐하면 이놈의 디자인 작업이 아주 힘들기 때문이다.

솔직하게 말해보자. 매일 아침마다 일어나서 사람들을 위해 디자인하는 건 정말 힘든 일이다. 당신은 머리를 벽에 쿵쿵 찧거나 또는 방향을 잘못 잡아서 엉뚱한 일을 하며 시간을 보낸다. 게다가 우리가 하는 대부분의 일은 쓰레기통으로 들어가 버리게 마련이다. 최고 수준의 디자이너조차 야구 선수보다도 타율이 낮다. 하지만 일을 딱 부러지게 처리하면? 하하, 그야말로 끝내주지.

그래, 나는 그 좋았던 시간을 다시 한 번 기억하기 위해 이 책을 썼다. 머리를 벽에 쿵쿵 박고, 디지털 휴지통 속에 확 구겨버린(은유법이 멋지지 않나?) 실패작이 쌓여가고, '로고는 크게, 버튼은 밝게,

그리고 좀 더 신나게, 매력적으로' 만들어달라는 요청이 합쳐져서 실제로 대단한 무언가를 만들어낸 시간 말이다. 그 시간이 모여 내가 당신에게 전달할 수 있는 그 무언가가 되었다. 내가 기술을 배울 수 있게 도와준 친절한 디자이너들의 은혜를 갚을 수 있게 된 것이다.

나쁜 고객은 없다. 아, 정정해야겠다. 몇몇 나쁜 고객이 있을지도 모르겠다. 하지만 그들은 문젯거리가 못 된다. 너무나 오랜 시간 동안 디자이너들은 고객이 자기 마음에 들게 행동하지 않는다고 불평해왔다. 하지만 친애하는 당신(내가 당신을 사랑하는 거 알지?) 이야말로 문제의 핵심이었다. 당신이 싫어하거나 불편하게 느끼거나 심지어 당신 자신의 책임인 줄 알지 못했던 일의 수많은 부분을 모두 무시해왔기 때문이다. 지금까지 당신에게 '이런 부분도 당신의 일에 속한다'고 얘기해준 사람이 아무도 없었을 수 있다. 괜찮다, 이젠 내가 얘기해주고 있으니까.

우리는 대단한 사람들의 쟁쟁한 계보를 잇고 있다. 세상을 자신이 태어나기 전보다 더 좋은 곳으로 만드는 데 일생을 바친 사람들 말이다. 누군가는 작은 방식으로, 누군가는 큰 방식으로 세상을 바꾸어왔다.

티보르 칼만 Tibor Kalman, 빅터 파파넥 Victor Papanek, 폴 랜드 Paul Rand, 레이와 찰스 임스 Ray and Charles Eames, 디터 람스 Dieter Rams, 에릭 슈피커만 Erik Spiekermann, 주자나 릭코 Zuzana Licko, 제프리 젤드만 Jeffrey Zeldman, 폴라 쉐어 Paula Scher. 고속도로를 지하철을, 야구 카드를, 그리고 도시를 디자인했지만 이젠 역사 속에 묻혀버린 수많은 이름들. 그리고 당신. 그대들 모두 다 디자이너다. 당신이 훌륭한 디자이너가 되느냐, 아니면 별 볼일 없는 디자이너가 되느냐는 당신의 선택에 달려 있다. 세상에 좋은 작품을 남길 기회도 가지고 있다. 당신이 그 기회를 헛되이 날리지 않기를 기도하겠다.

    이제 가서 디자인해라.

**도움이 되는 자료들**

이 목록은 기본적인 것도, 필수적인 것도 아니다. 그 정도는 이미 당신도 알고 있을 테니 더 이상 얘기하지 않겠다. 아래 목록은 당신이 배울 것이 많다는 것을 깨닫게 해주고, 그 사실에 당신이 들뜨게 만들 만한 책과 웹사이트의 목록이다. 끊임없는 지적 호기심이야말로 프로페셔널 디자이너가 가질 수 있는 가장 위대한 자원이다. 그런 지적 호기심이 없다면, 차라리 외딴 섬에 혼자 숨어 사는 게 나을 거다.

### 선배들을 존중해라

디자인의 역사는 인터넷의 역사보다 더 오래되었다. 좋은 디자이너들은 강력한 목소리를 지니고 있다. 그들의 목소리에 귀 기울여라.

- 마이클 크뢰거 Michael Kroeger 의 《폴 랜드와의 대화 Paul Rand : Conversations with Students》, 워크룸
- 빅터 파파넥 Victor Papanek 의 《인간을 위한 디자인 Design for the Real World》, 미진사
- 피터 홀과 마이클 비에루트 Peter Hall & Michael Bierut 의 《티보르 칼만, 삐딱한 낙천주의자 Tibor Kalman, Perverse Optimist》
- 폴라 쉐어 Paula Scher 의 《더 크게 만들어라 Make it Bigger》
- 클라우스 클렘프와 케이코 우에키-폴렛 Klaus Klemp and Keiko Ueki-Polet 의 《조금 덜, 그리고 조금 더 많이 : 디터 람스의 디자인 기풍 Less and More: The Design Ethos of Dieter Rams》

## 당신을 널리 알려라

디자인 경력은 아주 긴 영업이나 마찬가지다. 철저히 준비해라.

- 로저 메이비티와 스티븐 베일리 Roger Mavity & Stephen Bayley 의 《피치 : 당신의 빛나는 아이디어와 당신을 파는 법 Life's a Pitch》, 토트출판사
- 필립 B. 쿤하드 주니어 외 Philip B. Kunhardt, Jr., et al 의 《P.T. 바넘 : 미국의 가장 위대한 흥행인 P. T. Barnum: America's Greatest Showman》

## 교양을 쌓고 다양한 분야에 관심을 기울여라

당신이 어떤 종류의 디자인을 하든, 당신의 작업은 물리적인 작업 결과물과 인간으로서 지녀야 할 태도, 그리고 인식 사이의 공간에 존재한다. 항상 이점을 명심해라.

- 캐트린 슐츠 Kathryn Schulz 의 《틀린다는 것 Being Wrong》 (당신은 오류를 범하기 쉬운 인간들을 위해 디자인할 뿐만 아니라 당신 자신도 그런 인간 중 하나에 불과하다. 공감능력과 지적 이해력은 당신을 강하게 만들고, 잘난 척

하는 얼간이가 되지 않도록 해줄 것이다.)
- 데얀 수직Deyan Sudjic의 《사물의 언어 The Language of Things》(당신이 인터랙티브 디자이너라도 상관없다. 당신의 작업은 세상이라는 맥락 안에 존재하니까. 파파넥의 책보다는 아주 조금 화를 덜 내는 지침서), 홍시커뮤니케이션
- 제임스 글레익James Gleick의 《정보 : 역사, 이론, 홍수 The Information: A History, a Theory, a Flood》(사물 아니면 정보. 우리는 양쪽 모두를 너무 많이 가지고 있다.)
- 마이클 롭Michael Lopp의 《IT개발자가 쓴 통쾌한 인간관리 이야기 Managing Humans》, 도서출판 ITC(당신은 아마도 어떤 유형의 체계 안에서 어떤 유형의 사람들과 일해야 할 것이다. 관리자뿐만 아니라 부하 직원 입장에서도 읽어볼 만한 책이다.)

### 일을 사랑하고 뛰어난 성과를 보여라

당신이 존경하고 공감하는 사람들의 전기를 읽고 시야를 넓히기를. 책에 나오는 인물이 아주 유명한 사람일 필요도 없다. 당신이 겪은 일이 아니라 해도 삶의 소소한 일화들은 디자인 프레젠테이션에 도움이 되는 소재니까 말이다.

- 로저 에버트Roger Ebert의 《로저 에버트 : 어둠 속에서 빛을 보다 Life Itself: A Memoir》, 연암서가
- 티나 페이Tina Fey의 《보시팬츠 Bossypants》
- 마크 트웨인Mark Twain의 《마크 트웨인 자서전 Autobiography of Mark Twain》, 고즈원
- 벤자민 프랭클린Benjamin Franklin의 《벤자민 프랭클린 자서전 The Autobiography of Benjamin Franklin》, 인터미디어, 김영사, 느낌이있는책 외 출판사들

**인터넷 웹로그**

**똑똑한 사람들이 쓴 글들**

- 코이 빈<sup>Khoi Vinh</sup>이 운영하는 섭트랙션 : http://subtraction.com
- 폴 포드<sup>Paul Ford</sup> : http://ftrain.com
- 당신은 별로 똑똑하지 않다 : http://youarenotsosmart.com (우리의 뇌가 어떻게 우리를 속이는지에 대한 내용과 자만심에 대한 재미있는 일화들)

## 감사의 말

책을 쓰는 것도 어렵지만, 내가 책을 쓰는 동안 반경 5m 이내에 있는 사람들은 나보다 더 괴로웠을 것이다. 모두에게 사과한다. 당신들은 지난 몇 달 동안 내가 당신들에게 대한 것보다 더 나은 대우를 받을 자격이 있는 좋은 사람들이다.

발행인 제프리 젤드만의 도움이 없었다면 이 책은 나오지 못했을 것이다. 그는 내가 두려워하고 있을 때 책을 써야 한다고 나를 설득했다. 내가 쓴 얘기가 실제보다 더 똑똑하게 들리도록 도와준 편집자 맨디 브라운Mandy Brown에게도 감사의 인사를 전한다. 책을 예쁘게 만들어준 디자이너 제이슨 산타 마리아Jason Santa Maria에게도. 어 북 어파트 출판사A Book Apart의 끝내주는 무지개 빛깔 도서 목록에 갈색 줄무늬로 참여할 수 있게 되어 영광이다.

계약에서 비속어 조항을 제거해준 나의 변호사 게이브 레빈, 팟캐스트 〈실수를 저지르자Let's Make Mistakes〉를 통해 나와 함께 이 책의 내용을 연구하고 개요를 잡도록 도와준 케이티 길리움Katie Gillum, 여러 번 초고를 읽고 이상한 내용이 나오면 주저 없이 느낀 그대로를 말해준 티나 리Tina Lee, 나의 고함을 누구보다도 오래 참아준 데이빗 맥크리스David McCreath, 그리고 디자인을 직업으로 삼고 있는 뮬 디자인의 모든 사람들, 그리고 일을 배우기 위해 나랑 씨름해야 했던 뮬 디자인의 과거 직원들에게도 감사의 말씀을 전한다.

  글을 쓰는 과정 내내 나에게 충고와 피드백과 단호한 이야기를 해준 모든 사람에게 감사드린다. 마이클 시페이Michael Sippey, 안드레 토레즈Andre Torrez, 앰버 코스틀리Amber Costley, 애닐 대시Anil Dash, 알레이나 브라운Alaina Browne, 맷 호난Mat Honan, 베스 캘러한Beth Callahan, 제프 빈Jeff Veen, 브라이언 메이슨Bryan Mason, 콜린 웨인라이트Colleen Wainwright, 미셸 카탈라노Michele Catalano, 마이크 에슬Mike Essl, 미아 이튼Mia Eaton, 조시와 카얄라 케이건Josh and Kayla Cagan, 크리스티나 할버슨Kristina Halvorson, 젠 베크만Jen Bekman, 라이언 프레이타스Ryan Freitas, 라이언 카버Ryan Carver, 래 브룬Rae Brune, 마이크 쿠니아브스키Mike Kuniavsky, 엘리자베스 굿맨Elizabeth Goodman, 티나 로스 아이젠버그Tina Roth Eisenberg, 에이미 제인 그루버Amy Jane Gruber, 그리고 갑자기 이름이 생각나지 않는 그녀의 남편에게도.

  우상을 만나는 일은 실망스럽다는 편견을 깨고, 친절하게도 이 책의 서문을 써준 에릭 슈피커만에게도 감사의 말씀을 드린다.

  내게 프로젝트를 맡겨주셔서 내가 기술을 연마하고 생계를 유지할 수 있도록 해준 과거, 현재, 미래의 모든 고객에게 감사드린다.

  떠버리 아들 녀석이 훌륭한 인재로 성장할 수 있도록 기회의 땅으로 용감하게 이민와 주신 우리 부모님 아메리코Americo와 주다이트 몬테이로$^{Judite\ Monteiro}$에게 따뜻한 포옹을 전한다.

내가 더 나은 사람이 되고 싶게 해주는 내 아들 헨리, 세상에서 네가 보여주는 존경만큼 내게 큰 힘이 되는 것은 없단다. 같이 마리오 카트 게임 하기로 했던 것 잊지 않았다, 아들아. 그리고 이 착한 아이를 기를 수 있도록 도와주는 아이의 엄마 트레이시 롱$^{Tracey\ Long}$에게도 감사를.

세상에서 가장 어려운 직업을 가지고 있는 아넷 랭킨$^{Annette\ Rankin}$에게도 특별한 감사의 인사를 올린다.

그리고 당연한 얘기지만, 이 책뿐만 아니라 우리 회사와 그 외의 거의 모든 것들이 나의 동업자 에리카 홀의 도움이 없이는 이루어질 수 없었을 것이다. 그녀의 영감과 재촉, 지지, 그리고 이해심이 이 모든 것을 가능하게 만들었다.

그리고 자기 이름이 있는지 보려고 이 페이지부터 찾아본 모든 사람에게도 감사드린다. 어떤 방식이 됐든 뭐라도 배웠기를 바란다.

## 찾아보기

### ㄱ

| | |
|---|---|
| 가격 책정 | 80 |
| 개발자 | 227 |
| 게이브 레빈 Gabe Levine | 105 |
| 계약서 집행하기 | 116 |
| 계약서 협상 | 111 |
| 광고나 후원하기 | 56 |

### ㄷ

| | |
|---|---|
| 도덕적 책임 | 71 |
| 디터 람스 Dieter Rams | 252 |

### ㅁ

| | |
|---|---|
| 마감 | 165 |
| 마케팅 전문가 | 231 |

### ㅂ

| | |
|---|---|
| 배상책임 | 114 |
| 변호사 | 104, 105, 106, 107, 108, 181, 196 |
| 보증금 | 191, 192 |
| 부정적인 피드백 | 147 |
| 블로그 | 58 |
| 빅터 파파넥 Victor Papanek | 35, 252 |

### ㅅ

| | |
|---|---|
| 사내 권력 투쟁 | 130 |
| 사업제안요청서 | 54 |
| 사전조사 | 85 |
| 소개와 추천의 이루어지는 방식 | 41 |
| 신용거래 | 197 |

## ㅇ

| | |
|---|---:|
| 애닐 대쉬 Anil Dash | 79 |
| 에리카 홀 Erika Hall | 19, 167, 218 |
| 에릭 슈피커만 Erik Spiekermann | 252 |
| 엔지니어 | 228 |
| 엘리베이터 영업 | 46 |
| 예산 | 184, 185 |
| 예술가에 대한 환상 | 29 |
| 와이어프레임 | 223 |
| 윌리엄 캐슬론 William Caslon | 36 |
| 이해 당사자 | 159 |
| 인맥관리 | 46, 47 |
| 레이와 찰스 임스 부부 Ray and Charles Eames | 35 |

## ㅈ

| | |
|---|---:|
| 작업기술서 | 112, 159 |
| 전문가로서의 성장 | 235 |
| 정보 디자이너 | 222 |
| 제안서 | 90, 91, 92, 93 |
| 제프리 젤드만 Jeffrey Zeldman | 36, 252 |
| 조사 담당자 | 221 |
| 존 그루버 John Gruber | 236 |
| 좋은 관계를 유지하라 | 48 |
| 주자나 릭코 Zuzana Licko | 36 |
| 중도해지 수수료 | 113 |
| 지도력 | 240, 241 |
| 지불단계 체계화 | 191 |
| 지적 재산권 양도 | 112, 113 |

## ㅊ

| | |
|---|---:|
| 착수금 | 191, 193 |
| 청구서 승인 | 186, 187 |
| 체불 | 194, 195, 196 |

## ㅋ

| | |
|---|---:|
| 케이티 길리움 Katie Gillium | 179 |
| 콘텐츠 전략가 | 232 |
| 킥스타트 Kickstart | 80 |

## ㅌ

| | |
|---|---:|
| 티보르 칼만 Tibor Kalman | 35 |

## ㅍ

| | |
|---|---:|
| 폴라 쉐어 Paula Scher | 252 |
| 폴 랜드 Paul Rand | 252 |
| 품질보장 | 115 |
| 프로세스 | 123, 126 |
| 프로젝트 관리자 | 219 |
| 피드백을 위한 안내지침 | 162 |
| 피드백 정리하기 | 168 |
| 피드백 체계 구축하기 | 158 |

## ㅎ

| | |
|---|---:|
| 해고에 대한 것 | 245 |
| 현금흐름 | 196 |
| 협상 | 94, 95 |